아이가 주인공인 책

아이는 스스로 생각하고 성장합니다.
아이를 존중하고 가능성을 믿을 때
새로운 문제들을 스스로 해결해 나갈 수 있습니다.

〈기적의 학습서〉는 아이가 주인공인 책입니다.
탄탄한 실력을 만드는 체계적인 학습법으로
아이의 공부 자신감을 높여 줍니다.

가능성과 꿈을 응원해 주세요.
아이가 주인공인 분위기를 만들어 주고,
작은 노력과 땀방울에 큰 박수를 보내 주세요.
〈기적의 학습서〉가 자녀 교육에 힘이 되겠습니다.

학습 스케줄

《기적의 초등 영문법》을 시작하기에 앞서 이 책의 학습 계획표를 세워 보세요.
스스로 지킬 수 있는 오늘의 목표량을 정하고 꾸준히 실천해 보세요.
조금씩이더라도 매일매일 공부하는 습관을 만드는 것이 중요합니다.

학습 내용	학습일	학습 내용	학습일
Unit 1 미래형 긍정문	본책 ☐월 ☐일 워크북 ☐월 ☐일	**Chapter 3** 실전 테스트	본책 ☐월 ☐일
Unit 2 미래형 부정문	본책 ☐월 ☐일 워크북 ☐월 ☐일	**Unit 1** 명령문과 제안문	본책 ☐월 ☐일 워크북 ☐월 ☐일
Unit 3 미래형 의문문	본책 ☐월 ☐일 워크북 ☐월 ☐일	**Unit 2** 접속사로 연결되는 문장	본책 ☐월 ☐일 워크북 ☐월 ☐일
Chapter 1 실전 테스트	본책 ☐월 ☐일	**Chapter 4** 실전 테스트	본책 ☐월 ☐일
Unit 1 who, what	본책 ☐월 ☐일 워크북 ☐월 ☐일	**Unit 1** 동명사	본책 ☐월 ☐일 워크북 ☐월 ☐일
Unit 2 when, where, why	본책 ☐월 ☐일 워크북 ☐월 ☐일	**Unit 2** to부정사	본책 ☐월 ☐일 워크북 ☐월 ☐일
Unit 3 how	본책 ☐월 ☐일 워크북 ☐월 ☐일	**Chapter 5** 실전 테스트	본책 ☐월 ☐일
Chapter 2 실전 테스트	본책 ☐월 ☐일	**Unit 1** 문장 성분	본책 ☐월 ☐일 워크북 ☐월 ☐일
Unit 1 형용사와 부사의 비교급	본책 ☐월 ☐일 워크북 ☐월 ☐일	**Unit 2** 품사, 구와 절	본책 ☐월 ☐일 워크북 ☐월 ☐일
Unit 2 형용사와 부사의 최상급	본책 ☐월 ☐일 워크북 ☐월 ☐일	**Chapter 6** 실전 테스트	본책 ☐월 ☐일

기적의 초등 영문법 3

서영조 지음

길벗스쿨

저자 **서영조**

한국외국어대학교 영어과, 동국대학교 대학원 연극영화과 졸업.

20여 년간 국내 학습자들을 위한 유익한 영어 학습 콘텐츠를 개발·집필해 왔다. 초등학생을 위한 영어부터 성인 영어까지, 대상에 따른 맞춤식 접근으로 목표한 바를 쉽게 얻을 수 있는 학습서를 집필하고 있다. 영어를 처음 공부하는 초등 어린이들에게는 소화하기 쉬운 설명과 난이도로, 성인 학습자들에게는 일상생활에 바로 적용할 수 있는 실용적인 콘텐츠로 수많은 독자들에게 각광을 받고 있다. 또한 전문 번역가로서 영어권 도서들과 부산국제영화제를 비롯한 여러 영화제 출품작들을 번역하고 있기도 하다.

지은 책으로 《디즈니 OST 잉글리시》, 《디즈니 주니어 잉글리시 겨울왕국》, 《거의 모든 행동 표현의 영어》, 《영어 회화의 결정적 단어들》 등이 있다.

기적의 초등 영문법 3

Miracle Series – English Grammar for Elementary Students 3

초판 발행 · 2023년 1월 9일

지은이 · 서영조
발행인 · 이종원
발행처 · 길벗스쿨
출판사 등록일 · 2006년 7월 1일 | **주소** · 서울시 마포구 월드컵로 10길 56(서교동)
대표 전화 · 02)332-0931 | **팩스** · 02) 323-0586
홈페이지 · www.gilbutschool.co.kr | **이메일** · gilbutschool@gilbut.co.kr

기획 및 책임편집 · 김소이(soykim@gilbut.co.kr), 이경희 | **디자인** · 이현숙 | **제작** · 이진혁
영업마케팅 · 김진성, 박선경 | **웹마케팅** · 박달님, 권은나 | **영업관리** · 정경화 | **독자지원** · 윤정아, 최희창

편집진행 및 전산편집 · 기본기획 | **표지삽화** · 박지영 | **본문삽화** · 주세영 | **영문 감수** · Ryan P. Lagace
인쇄 · 교보피앤비 | **제본** · 경문제책 | **녹음** · YR미디어

▶ 잘못 만든 책은 구입한 서점에서 바꿔 드립니다.
▶ 이 책은 저작권법에 따라 보호받는 저작물이므로 무단전재와 무단복제를 금합니다.
　 이 책의 전부 또는 일부를 이용하려면 반드시 사전에 저작권자와 길벗스쿨의 서면 동의를 받아야 합니다.

독자의 1초를 아껴주는 정성 길벗출판사

길벗 | IT실용서, IT/일반 수험서, IT전문서, 경제실용서, 취미실용서, 자녀교육서
더퀘스트 | 인문교양서, 비즈니스서
길벗이지톡 | 어학단행본, 어학수험서
길벗스쿨 | 국어학습서, 수학학습서, 유아학습서, 어학학습서, 어린이교양서, 교과서, 학습단행본

길벗스쿨 공식 카페 〈기적의 공부방〉 · cafe.naver.com/gilbutschool
인스타그램/카카오플러스친구 · @gilbutschool

제 품 명 : 기적의 초등 영문법 3
제조사명 : 길벗스쿨
제조국명 : 대한민국
전화번호 : 02-332-0931
주　　소 : 서울시 마포구 월드컵로
　　　　　 10길 56 (서교동)
제조년월 : 판권에 별도 표기
사용연령 : **10세 이상**
KC마크는 이 제품이 공통안전기준에
적합하였음을 의미합니다.

우리 아이들에게 영문법은 왜 어려울까요?

초등학생 대부분이 영문법을 어렵고 지루하게 느낍니다. 이 책을 준비하면서 초등학교 4~6학년 학생들에게 '영문법이 어렵게 느껴지는 이유가 무엇인가요?'라고 질문했습니다. 그러자 한 명도 빠짐없이 모두가 '외워야 할 게 많아서'라고 답했습니다.

구체적으로는 to부정사, 동명사 등 외워야 할 '용어'들이 많고, 동사의 변형에서 '예외 규칙'도 알아야 하며, 명사의 복수형도 규칙 변화와 불규칙 변화까지 모두 외워야 해서 어렵다고 했습니다.

영문법은 쉽게 말해서 '**영어 문장**을 만드는 **법칙**'이라 할 수 있습니다. 다양한 문장을 만들기 위해서는 다양한 법칙, 즉 규칙이 필요합니다. 그런데 그 규칙들을 억지로 외우려 하면 힘듭니다. 그렇다고 외우지 않으면 제대로 된 문장을 만들어서 말을 하거나 글을 쓸 수 없겠지요. 그렇다면, 어떻게 해야 영문법 규칙들을 덜 힘들게 외울 수 있을까요?

영문법 규칙을 외우는 효과적인 방법은?

바로 문제 풀이를 통해서입니다. 선생님의 강의를 듣는 것만으로는 문법을 온전히 내 것으로 만들 수 없습니다. 문제를 풀며 문장 규칙을 스스로 생각해 보아야 문법을 제대로 이해할 수 있습니다.

《기적의 초등 영문법》은 바로 그런 방법으로 우리 초등학생들의 영어 고민을 해결해 줍니다. 이 책에서는 같은 유형의 문제를 지루하게 기계적으로 풀어가는 단순 드릴을 시키지 않습니다. 다양한 유형의 문제를 고르게 접하면서 스스로 생각하고 적용하며 문법 규칙들을 자연스럽게 익히도록 합니다.

본책의 3단계 문제, 실전 테스트, 그리고 워크북까지 몇 천 개의 다양한 문제를 푸는 사이에 학생들은 자연스럽게 영문법 규칙을 익히게 될 것입니다. 초등학생이 꼭 알아야 할 필수 영문법부터 중등 영어에 대비하는 영문법까지 문법 항목들을 빠짐없이 문제에 녹여냈고, 학생들 눈높이에 맞춘 그림 문제들을 다수 포함하여 지루하지 않게 공부할 수 있도록 했습니다.

영문법은 바르고 정확한 문장 쓰기를 위해 필요한 것

영문법을 공부하는 가장 큰 목적은 영어의 규칙을 알고 영어를 바르고 정확하게 쓰기 위해서라고 할 수 있습니다. 영어 문장을 이루는 규칙인 문법을 잘 알지 못하면 문장을 제대로 쓸 수 없는 것은 당연합니다. 문법 학습은 그동안 읽고 듣고 접했던 영어를 체계적으로 정리하는 계기이자 영어 쓰기 실력을 키우는 기초가 될 것입니다. 또한 영문법의 개념 이해와 문장 쓰기 연습은 정확성이 요구되는 중학 영어에 대비하기 위해 꼭 필요한 학습입니다.

아무쪼록 《기적의 초등 영문법》이 초등학생 여러분의 영문법 학습에 기적의 경험을 가져다주기를 기원합니다.

저자 서영조
2023년 1월

문법 규칙을 알면 바르고 정확한 문장을 쓸 수 있습니다.
문법이 곧 쓰기 실력이 되는 기적의 초등 영문법

《기적의 초등 영문법》은 초등 교육과정의 필수 영문법을 쉽게 소개하고, 다양한 문제를 단계별로 풀면서
영문법 규칙을 자연스럽게 익히도록 하며, 문장 쓰기 문제를 통해 영어 라이팅 실력을 키워주고,
다양한 실용문을 통해 실질적인 문법 활용 능력을 길러주는 것을 목표로 합니다.

• 초등 교육과정의 필수 영문법 완벽 정리

초등 교육과정의 필수 영문법을 빠짐없이 소개하고, 중학 기초 문법까지 포함합니다. 이 책만으로 초등
필수 영문법을 완성하고 중학 영문법에 대비할 수 있습니다.

• 친절한 설명과 도표, 그림으로 영문법을 쉽게 학습

낯선 문법 용어와 규칙을 쉽게 이해할 수 있도록 간결하고 친절하게 설명합니다. 핵심 내용을 도표로
정리하여 문법 규칙이 한눈에 들어오게 했고, 이해를 돕는 그림과 해석이 있어 어렵지 않게 학습할 수
있습니다.

• 개념 확인 → 문법 규칙 적용 → 문장 쓰기까지 3단계 학습

3단계로 이루어진 단계별 문제 풀이를 통해 기초적인 개념 확인에서부터 완전한 문장 쓰기까지 점진적
으로 학습합니다. 이러한 학습법은 문법 학습의 실제 목표인 '정확한 문장 쓰기' 능력을 향상시키며 중
학 서술형 시험에 대비하는 토대가 됩니다.

• 흥미로운 실용문으로 문법 활용 능력과 사고력 배양

동화, 일기, 일정표, 조리법, 대화문 등 일상생활에서 흔히 접할 수 있는 다양한 실용문을 실었습니다.
흥미로운 주제의 실용문을 완성하며 문법 활용 능력과 쓰기 실력을 향상시킬 수 있습니다.

• 무료 동영상 강의와 워크북 등 부가 학습자료 제공

이 책의 문법 개념을 친절하게 설명하는 무료 동영상 강의를 제공하며, 공부한 내용을 꼼꼼하게 점검해
볼 수 있는 워크북과 온라인 부가 학습자료를 제공합니다.

Start · 문법 개념 확인
Step 1 · 기초 탄탄 연습
Step 2 · 규칙 적용 연습
Step 3 · 술술 쓰기가 되는 문장 연습

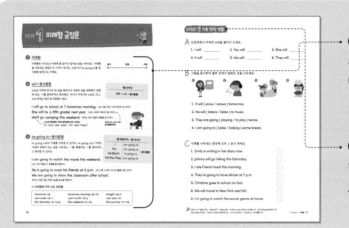

❶ 초등학생 눈높이에 맞춘 쉬운 설명

친절한 문법 개념 설명과 함께 도표로 규칙을 다시 한 번 정리하여 한눈에 파악할 수 있게 합니다.

❷ 기초 탄탄 연습

학습한 문법 포인트를 잘 이해했는지 간단한 기초 문제로 확인합니다.

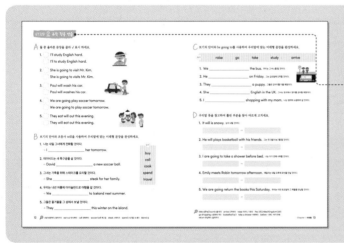

❸ 규칙 적용 연습

배운 문법 규칙을 문장에 적용해 보는 단계입니다. 그림을 보고 고르기, 우리말 뜻에 맞게 빈칸 채우기 등 다양한 유형의 문제를 스스로 생각하며 풀다보면 문법 규칙을 확실히 익힐 수 있습니다.

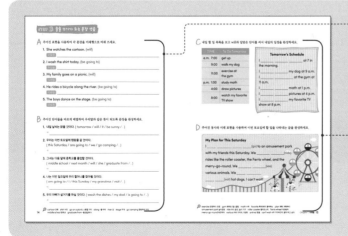

❹ 서술형에 대비하는 문장 쓰기 연습

틀린 곳 찾아 고쳐 쓰기, 바른 순서로 단어 배열하기 등 정확한 규칙과 어순을 연습하며 문장 만들기에 자신감을 키우고 중학 서술형 시험에 대비하는 문장 쓰기를 합니다.

❺ 다양한 실용문 완성하기

일정표, 일기, 조리법, 동화, 대화문 등 다양한 실용문을 문법에 맞게 완성합니다. 문법 규칙을 적용하여 글을 완성해 보면서 실질적인 쓰기 실력을 키울 수 있습니다.

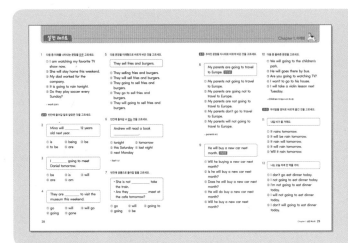

실전 테스트

객관식 문제와 서술형 문제를 통해 각 Chapter에서 학습한 내용을 마지막으로 점검하는 단계입니다. 중학교 내신 시험과 유사하게 구성하여 중학교 시험을 미리 경험하고 대비할 수 있습니다.

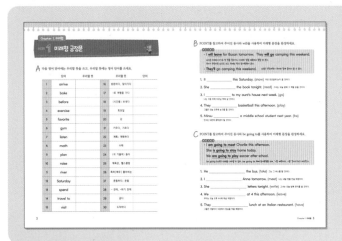

워크북(Workbook)

학습을 마친 후, 워크북의 추가 문제를 풀면서 공부한 내용을 점검하고 복습하며 실력을 다질 수 있습니다. Challenge! 문제는 본책의 전체 문장 쓰기 문제를 업그레이드한 것으로, 학생들의 영어 문장 쓰기 실력을 한 단계 올려줄 것입니다.

부가 학습자료

- Word List (본책 수록)
- 단어 테스트 (워크북 수록)
- 단어 퀴즈 (워크시트 다운로드)
- 문장 받아쓰기 (워크시트 다운로드)

길벗스쿨 e클래스
eclass.gilbut.co.kr

QR코드를 스캔하면 동영상 강의 바로 보기, MP3 파일 및 워크시트 다운로드 등 부가 학습자료를 이용하실 수 있습니다.

무료 동영상 강의

혼자서도 막힘 없이 공부할 수 있도록 무료 동영상 강의를 제공합니다. 문법 개념 설명 부분은 동영상 강의를 보면서 학습하세요.

3권 동영상 강의 바로 보기

CHAPTER 1

미래형

동영상 강의

미래형은 '~할 것이다'라는 뜻으로, 다가오는 미래에 할 일이나 일어날 일을 나타내요.
'~하지 않을 것이다'라는 미래형 부정문과 '~할 것이니?'라는 의문문도 배워요.

UNIT 1 미래형 긍정문

❶ 미래형

미래형은 다가오는 미래에 할 일이나 일어날 일을 나타내요. 미래형을 나타내는 방법은 두 가지가 있어요. will이나 be going to를 동사원형 앞에 쓰는 거예요.

과거 ←――――――→ 현재 ――――→ 미래

❷ will + 동사원형

will은 미래에 하기로 한 일을 말하거나 미래의 일을 예측해서 말할 때 써요. '~할 것이다'라고 해석해요. 주어가 무엇이든 will로 쓰고, will 뒤에는 항상 동사원형이 와요.

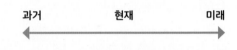

~할 것이다

주어 + will + 동사원형

I will go to school at 7 tomorrow morning. 나는 내일 아침 7시에 학교에 갈 것이다.

She will be a fifth grader next year. 그녀는 내년에 5학년이 될 것이다.

We'll go camping this weekend. 우리는 이번 주말에 캠핑을 갈 것이다.

will은 인칭대명사 주어와 함께 줄여서 쓸 수 있어요.
I'll You'll He'll She'll It'll We'll They'll

be는 am, are, is의
동사원형이에요.

❸ be going to + 동사원형

be going to로도 미래를 나타낼 수 있어요. be going to는 가까운 미래에 정해져 있는 일을 나타내요. '~할 예정이다, ~할 것이다'라고 해석할 수 있어요.

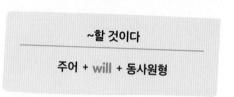

~할 예정이다, ~할 것이다

I	am going to	
You	are going to	
He/She/It	is going to	+ 동사원형
We/You/They	are going to	

I am going to watch the movie this weekend.
나는 이번 주말에 그 영화를 볼 예정이다.

He is going to meet his friends at 5 p.m. 그는 오후 5시에 그의 친구들을 만날 것이다.

We are going to clean the classroom after school.
우리는 수업이 끝난 후에 교실을 청소할 예정이다.

◉ 미래형에 자주 쓰는 표현들

tomorrow 내일	tomorrow morning 내일 아침	tonight 오늘 밤
next week 다음 주	next month 다음 달	next year 내년
this Saturday 이번 토요일	this weekend 이번 주말	this summer 이번 여름

10

A 인칭대명사 주격과 will을 줄여서 쓰세요.

1. I will _____   **2.** You will _____   **3.** She will _____

4. It will _____   **5.** We will _____   **6.** They will _____

B 그림을 참고하여 괄호 안에서 알맞은 것을 고르세요.

❶ ❷ ❸ ❹

1. It will (snow / snows) tomorrow.

2. He will (listens / listen) to music.

3. They are going (playing / to play) tennis.

4. I am going to (bake / baking) some bread.

C 미래를 나타내는 문장에 모두 √ 표시 하세요.

1. Emily is writing in her diary now. ☐

2. Johnny will go hiking this Saturday. ☐

3. I ate French toast this morning. ☐

4. They're going to have dinner at 7 p.m. ☐

5. Christina goes to school on foot. ☐

6. We will travel to New York next fall. ☐

6. I'm going to watch the soccer game at home. ☐

listen (귀 기울여) 듣다   bake 굽다   bread 빵   write in one's diary 일기를 쓰다   go hiking 등산하러 가다
Saturday 토요일   French toast 프렌치토스트   on foot 걸어서   travel to ~로 여행을 가다

A 둘 중 올바른 문장을 골라 √ 표시 하세요.

1. ☐ I'll study English hard.
   ☐ I'll to study English hard.

2. ☐ She is going to visit Mr. Kim.
   ☐ She is going to visits Mr. Kim.

3. ☐ Paul will wash his car.
   ☐ Paul will washes his car.

4. ☐ We are going play soccer tomorrow.
   ☐ We are going to play soccer tomorrow.

5. ☐ They eat will out this evening.
   ☐ They will eat out this evening.

B 보기의 단어와 조동사 will을 사용하여 우리말에 맞는 미래형 문장을 완성하세요.

보기

buy
call
cook
spend
travel

1. 나는 내일 그녀에게 전화할 것이다.

   → I _____ her tomorrow.

2. 데이비드는 새 축구공을 살 것이다.

   → David _____ a new soccer ball.

3. 그녀는 가족을 위해 스테이크를 요리할 것이다.

   → She _____ steak for her family.

4. 우리는 내년 여름에 아이슬란드로 여행을 갈 것이다.

   → We _____ to Iceland next summer.

5. 그들은 올겨울을 그 섬에서 보낼 것이다.

   → They _____ this winter on the island.

visit 방문하다, 찾아가다   eat out 외식하다   call 전화하다   soccer ball 축구공   steak 스테이크   spend (시간을) 보내다   island 섬

C 보기의 단어와 be going to를 사용하여 우리말에 맞는 미래형 문장을 완성하세요.

| 보기 | raise | go | take | study | arrive |

1. We _____ the bus. 우리는 그 버스를 탈 것이다.

2. He _____ on Friday. 그는 금요일에 도착할 것이다.

3. They _____ a puppy. 그들은 강아지를 키울 예정이다.

4. She _____ English in the UK. 그녀는 영국에서 영어를 공부할 예정이다.

5. I _____ shopping with my mom. 나는 엄마와 쇼핑하러 갈 것이다.

D 우리말 뜻을 참고하여 틀린 부분을 찾아 바르게 고치세요.

1. It will is snowy. 눈이 내릴 것이다.

   _____ → _____

2. He will plays basketball with his friends. 그는 친구들과 농구를 할 것이다.

   _____ → _____

3. I are going to take a shower before bed. 나는 자기 전에 샤워할 것이다.

   _____ → _____

4. Emily meets Robin tomorrow afternoon. 에밀리는 내일 오후에 로빈을 만날 것이다.

   _____ → _____

5. We are going return the books this Saturday. 우리는 이번 토요일에 그 책들을 반납할 것이다.

   _____ → _____

take a[the] bus 버스를 타다   arrive 도착하다   raise 키우다, 기르다   the UK(United Kingdom) 영국
go shopping 쇼핑하러 가다   basketball 농구   take a shower 샤워하다   before ~ 전에, ~하기 전에
return 반납하다, 돌려주다

A 주어진 표현을 사용하여 각 문장을 미래형으로 바꿔 쓰세요.

1. She watches the cartoon. (will)

미래형 _____

2. I wash the shirt today. (be going to)

미래형 _____

3. My family goes on a picnic. (will)

미래형 _____

4. He rides a bicycle along the river. (be going to)

미래형 _____

5. The boys dance on the stage. (be going to)

미래형 _____

B 주어진 단어들을 바르게 배열하여 우리말과 같은 뜻이 되도록 문장을 완성하세요.

1. 내일 날씨는 맑을 것이다. (tomorrow / will / it / be sunny / .)

→ _____

2. 우리는 이번 토요일에 캠핑을 갈 것이다.

(this Saturday / are going to / we / go camping / .)

→ _____

3. 그녀는 다음 달에 중학교를 졸업할 것이다.

(middle school / next month / will / she / graduate from / .)

→ _____

4. 나는 이번 일요일에 우리 할머니를 찾아뵐 것이다.

(am going to / I / this Sunday / my grandma / visit / .)

→ _____

5. 우리 아빠가 설거지를 하실 것이다. (wash the dishes / my dad / is going to / .)

→ _____

cartoon 만화　shirt 셔츠　go on a picnic 소풍을 가다　along ~를 따라　river 강　stage 무대　go camping 캠핑하러 가다
middle school 중학교　graduate from ~를 졸업하다

14

C 내일 할 일 목록을 보고 will과 알맞은 단어를 써서 내일의 일정을 완성하세요.

TIME	To Do Tomorrow
a.m. 7:00	get up
9:00	walk my dog
11:00	exercise at the gym
p.m. 1:00	study math
4:00	draw pictures
8:00	watch my favorite TV show

Tomorrow's Schedule

I _____ _____ _____ at 7 in the morning.

I _____ _____ my dog at 9 a.m.

I _____ _____ at the gym at 11 a.m.

I _____ _____ math at 1 p.m.

I _____ _____ pictures at 4 p.m.

I _____ _____ my favorite TV show at 8 p.m.

D 주어진 동사와 미래 표현을 사용하여 이번 토요일에 할 일을 나타내는 글을 완성하세요.

My Plan for This Saturday

I _____ _____ _____ _____(go) to an amusement park

with my friends this Saturday. We _____ _____(ride)

rides like the roller coaster, the Ferris wheel, and the

merry-go-round. We _____ _____(see)

various animals. We _____ _____

_____ _____(eat) hot dogs. I can't wait!

exercise 운동하다; 운동   gym 체육관, 헬스클럽   math 수학   favorite 특히[매우] 좋아하는   plan 계획; 계획하다
amusement park 놀이공원   ride 타다; 탈것, 놀이 기구   roller coaster 롤러코스터   Ferris wheel 대관람차
merry-go-round 회전목마   various 여러 가지의, 다양한   animal 동물   can't wait 너무 기다려진다, 빨리 하고 싶다

UNIT 2 미래형 부정문

1 will의 부정문

미래에 '~하지 않을 것이다'라는 의미를 나타내는 will의 부정문은 will 뒤에 not을 넣어 〈will not+동사원형〉으로 써요. will not은 won't로 줄여 쓸 수 있어요.

~하지 않을 것이다
주어 + will not + 동사원형 (= won't)

I will not play the mobile game.
나는 그 모바일 게임을 하지 않을 것이다.

He will not go to bed late again.
그는 다시는 늦게 자지 않을 것이다.

We won't eat after 9 p.m.
우리는 저녁 9시 이후에는 음식을 먹지 않을 것이다.

They won't go to the beach this summer.
그들은 이번 여름에 해변에 가지 않을 것이다.

2 be going to의 부정문

가까운 미래에 '~하지 않을 것이다'라는 의미를 나타내는 be going to의 부정문은 be동사 뒤에 not을 넣어 〈be not going to+동사원형〉으로 써요. '~할 예정이 없다, ~하지 않을 것이다'라는 뜻이에요.

~하지 않을 것이다		
I	am not going to	
You	are not going to	
He/She/It	is not going to	+ 동사원형
We/You/They	are not going to	

I am not going to take the bus this morning.
나는 오늘 아침에 버스를 타지 않을 것이다.

She is not going to come to Bob's birthday party.
그녀는 밥의 생일 파티에 오지 않을 것이다.

We are not going to go to the zoo this Sunday.
우리는 이번 일요일에 동물원에 가지 않을 것이다.

※ be going to의 부정형은 인칭대명사 주어와 be동사를 줄여 쓰거나 be동사와 not을 줄여 쓸 수 있어요

I'm not going to ~
She's not going to ~
= She isn't going to ~
We're not going to ~
= We aren't going to ~

A 다음 문장들을 부정문으로 바꿀 때 not이 들어갈 위치를 고르세요.

1. I ① will ② wash ③ the ④ dishes. 나는 설거지를 할 것이다.

2. She ① will ② eat ③ fast food ④ today. 그녀는 오늘 패스트푸드를 먹을 것이다.

3. I ① am ② going to ③ go to the gallery ④ this Saturday.
   나는 이번 토요일에 그 미술관에 갈 것이다.

4. He ① is ② going ③ to watch ④ the TV show tonight.
   그는 오늘 밤에 그 TV 프로그램을 볼 것이다.

5. We ① are ② going to ③ give up ④ our dreams. 우리는 우리 꿈을 포기할 것이다.

B 그림을 보고 괄호 안에서 알맞은 것을 고르세요.

1.
Today

It (will / won't) snow tomorrow.

2.

He (is / isn't) going to eat an apple.

3.

She (will / won't) walk to school.

4.

They (are / aren't) going to go hiking.

C 밑줄 친 부분을 줄여서 쓰세요.

1. I will not stay home tomorrow. → _____

2. He is not going to go to the party. → _____

3. We are not going to go there. → _____

4. They are not going to travel to Canada. → _____

A will과 주어진 동사를 사용하여 미래형 부정문을 완성하세요.

1. She _____ after 7 p.m. (eat)

그녀는 오후 7시 이후에는 (음식을) 먹지 않을 것이다.

2. They _____ baseball at the park. (play)

그들은 그 공원에서 야구를 하지 않을 것이다.

3. We _____ our English teacher. (forget)

우리는 우리 영어 선생님을 잊지 않을 것이다.

4. I _____ my grandfather tomorrow. (visit)

나는 내일 할아버지를 찾아뵙지 않을 것이다.

5. He _____ for Cindy at the subway station. (wait)

그는 지하철역에서 신디를 기다리지 않을 것이다.

B 그림을 보고 주어진 표현을 이용하여 미래형 부정문이나 긍정문을 완성하세요.

①	②	③	④
be going to, take	will, be	be going to, brush	be going to, move

1. I _____ the bus.

I _____ the subway.

2. It _____ cold tomorrow.

It _____ hot.

3. Brian _____ wash his hair.

Brian _____ his teeth.

4. They _____ to a city.

They _____ to the country.

➕ baseball 야구 forget 잊다, 잊어버리다 grandfather 할아버지 subway station 지하철역 wash one's hair 머리를 감다
teeth tooth(치아)의 복수형 move 이사하다, 움직이다 city 도시 country 시골, 나라

18

C 우리말과 같은 뜻이 되도록 괄호 안의 표현들 중 알맞은 것을 고르세요.

1. 나는 오늘 수학 공부 안 할 거야.
   → I (am not going to study / am not going studying) math today.

2. 그녀는 오늘 외출하지 않을 것이다.
   → She (is not going to goes / is not going to go) out today.

3. 그들은 해변에서 놀지 않을 것이다.
   → They (are going to play / are not going to play) on the beach.

4. 그는 내일 일찍 일어나지 않을 것이다.
   → He (is not going to get / is not going to getting) up early tomorrow.

5. 우리는 거기서 바비큐 파티를 하지 않을 것이다.
   → We (are not going having / are not going to have) a barbecue there.

D 우리말과 같은 뜻이 되도록 보기의 표현과 주어진 표현을 사용하여 부정문을 완성하세요.

| 보기 | change her mind   go on a picnic   take a walk
work out   write a letter |

1. 우리는 비 오는 날에는 산책을 하지 않을 것이다. (will)
   → We _____ on a rainy day.

2. 나는 그에게 편지를 쓰지 않을 것이다. (be going to)
   → I _____ to him.

3. 그는 내일 아침에 운동을 하지 않을 것이다. (be going to)
   → He _____ tomorrow morning.

4. 그녀는 그것에 대해 마음을 바꾸지 않을 것이다. (will)
   → She _____ about it.

5. 그들은 그 공원으로 소풍을 가지 않을 것이다. (be going to)
   → They _____ to the park.

go out 외출하다　beach 해변　have a barbecue 바비큐 파티를 하다　change 바꾸다, 변하다
mind 마음, 정신　work out 운동하다　letter 편지

A 우리말 뜻을 참고하여 틀린 부분을 바르게 고쳐 문장을 다시 쓰세요.

1. I not will talk with him again. 나는 다시는 그와 이야기하지 않을 것이다.
   → _____

2. I not going to wear blue jeans today. 나는 오늘 청바지를 입지 않을 것이다.
   → _____

3. She will not takes pictures at the park. 그녀는 그 공원에서 사진을 찍지 않을 것이다.
   → _____

4. He is not going to arrives at 7 p.m. 그는 오후 7시에 도착하지 않을 것이다.
   → _____

5. We are going not to have a party on Christmas Day.
   우리는 크리스마스에 파티를 하지 않을 것이다.
   → _____

B 주어진 단어들을 바르게 배열하여 우리말과 같은 뜻이 되도록 문장을 완성하세요.

1. 그는 점심으로 피자를 먹지 않을 것이다. (won't / for lunch / he / eat pizza / .)
   → _____

2. 지수는 미국에서 공부하지 않을 것이다. (study / Jisu / in the U.S. / will not)
   → _____

3. 우리는 그날 노래하고 춤추지 않을 것이다.
   (that day / we / sing and dance / are not going to / .)
   → _____

4. 그들은 눈 오는 날 밖에서 놀지 않을 것이다.
   (will not / they / on a snowy day / play outside / .)
   → _____

5. 나는 내년에 일본으로 여행을 가지 않을 것이다.
   (travel / I / to Japan / am not going to / next year / .)
   → _____

again 다시, 또, 한 번 더   wear 입다   blue jeans 청바지   take a picture 사진을 찍다   outside 밖에(서)

C 그림을 보고 보기의 동사들과 will의 부정형을 사용하여 새해 다짐을 나타내는 글을 완성하세요.

보기   fight   play   go   drink   be

I _____ to bed late.

Jack _____ much soda.

Mina _____ late for school.

Cindy _____ with her brother.

Ian and Tom _____ mobile games for over two hours.

D 에이미의 다음 주 일정을 보고 be going to의 긍정형이나 부정형과 알맞은 동사를 사용하여 글을 완성하세요.

Amy's Schedule Next Week

Wednesday	Thursday	Friday	Saturday
☐ have a violin lesson ☐ read a book	☐ ride a bike with Mina	☐ play badminton ☐ go swimming	☐ go shopping with Mom

Amy _____ a violin lesson on Wednesday.

She _____ a bike with Mina on Thursday.

She _____ a book on Thursday.

She _____ badminton on Friday.

She _____ swimming on Saturday.

fight 싸우다   late 늦게; 늦은   soda 탄산음료   over ~ 넘게, ~을 넘어서   hour 시간
have a ~ lesson ~ 강습을 받다   go swimming 수영하러 가다

UNIT 3 미래형 의문문

1 will의 의문문

미래에 어떤 일을 할 것인지, 어떤 일이 일어날 것인지 물을 때는 will을 주어 앞으로 보내서 〈Will+주어+동사원형 ~?〉으로 써요. '~할 건가요?, ~할까요?'라고 해석해요.

Will + 주어 + 동사원형 ~?	~할 건가요?/~할까요?
Yes, 주어 + will.	네, 그럴 거예요.
No, 주어 + won't.	아니요, 안 그럴 거예요.

평서문 John will go to the library. 존은 도서관에 갈 것이다.

의문문 Will John go to the library? 존은 도서관에 갈 건가요?

Will you come home early? ------ Yes, I will. / No, I won't.
너 집에 일찍 올 거니?

Will John go to the library? ------ Yes, he will. / No, he won't.
존은 도서관에 갈 건가요?

Will the girls play after school? ------ Yes, they will. / No, they won't.
그 여자아이들은 수업이 끝나고 놀 건가요?

2 be going to의 의문문

가까운 미래에 어떤 일을 할 예정인지 물어볼 때는 be going to를 이용할 수 있어요. be동사를 주어 앞으로 보내서 〈be동사+주어+going to+동사원형 ~?〉으로 써요. '~할 예정인가요?, ~할 건가요?'라고 해석하면 돼요.

be동사 + 주어 + going to + 동사원형 ~?	~할 예정인가요?/~할 건가요?
Yes, 주어 + be동사.	네, 그럴 거예요.
No, 주어 + be동사 + not.	아니요, 안 그럴 거예요.

평서문 You are going to stay home today. 너는 오늘 집에 있을 것이다.

의문문 Are you going to stay home today? 너 오늘 집에 있을 거니?

Are you going to stay home today? ------ Yes, I am. / No, I'm not.
너 오늘 집에 있을 거니?

Is Cathy going to go hiking this Sunday? ------ Yes, she is. / No, she isn't.
캐시는 이번 일요일에 등산을 갈 건가요?

Are they going to take this train? ------ Yes, they are. / No, they aren't.
그들은 이 기차를 탈 예정인가요?

A 우리말과 같은 뜻의 영어 문장을 골라 √ 표시 하세요.

1. 너 그 모자 쓸 거니?
   ☐ Will you wear the hat?   ☐ Do you wear the hat?

2. 그녀는 테드를 만날 예정인가요?
   ☐ Will she going to meet Ted?   ☐ Is she going to meet Ted?

3. 너 오늘 나한테 전화할 거니?
   ☐ Are you going to call me today? ☐ Do you going to call me today?

4. 그들은 내일 출발하나요?
   ☐ Will they leave tomorrow?   ☐ Are they leave tomorrow?

B 존의 내일 시간표를 보고 각 질문에 알맞은 대답을 골라 √ 표시 하세요.

watch TV

play video games
play soccer

have breakfast

study at school

1. Will John get up at 7 tomorrow? 존은 내일 7시에 일어날 건가요?
   ☐ Yes, he will.   ☐ No, he won't.

2. Will John go to school before breakfast? 존은 아침을 먹기 전에 학교에 가나요?
   ☐ Yes, he will.   ☐ No, he won't.

3. Will John play soccer after school? 존은 수업이 끝난 후에 축구를 하나요?
   ☐ Yes, he will.   ☐ No, he won't.

4. Will John watch TV before bed? 존은 자기 전에 TV를 보나요?
   ☐ Yes, he will.   ☐ No, he won't.

leave 떠나다, 출발하다   breakfast 아침 식사

A be going to를 사용하여 미래의 일에 대한 대화를 완성하세요.

1. A: _____ you going _____ eat lunch at home? 너는 집에서 점심을 먹을 거니?

   B: Yes, I _____. 응, 그럴 거야.

2. A: _____ Tommy _____ to learn Korean? 토미는 한국어를 배울 예정인가요?

   B: No, _____ _____. 아니요, 안 배울 거예요.

3. A: _____ she _____ to visit her aunt tomorrow? 그녀는 내일 이모를 찾아뵐 예정인가요?

   B: Yes, she _____. 네, 그럴 예정이에요.

4. A: Are they _____ _____ go on a picnic this weekend?
   그들은 이번 주말에 소풍을 갈 건가요?

   B: No, _____ _____. 아니요, 안 갈 거예요.

5. A: _____ the students _____ to take the exam today?
   그 학생들은 오늘 시험을 볼 예정인가요?

   B: Yes, _____ _____. 네, 그럴 거예요.

B 그림을 보고 질문에 알맞은 대답을 완성하세요.

1 ② ③ ④ ⑤

1. Will you play the piano? ----- Yes, _____ _____.

2. Is she going to bake some cookies? ----- Yes, _____ _____.

3. Will your dad wash his car? ----- No, _____ _____.

4. Are the girls going to swim? ----- No, _____ _____.

5. Is Mark going to go fishing? ----- No, _____ _____.

learn 배우다   Korean 한국어, 한국인; 한국의   aunt 이모, 고모, 숙모, 아주머니   weekend 주말   exam 시험   wash one's car 세차하다
go fishing 낚시하러 가다

C will과 주어진 동사를 사용하여 미래의 일에 대한 대화를 완성하세요.

1. A: _____ you _____ to Tim's birthday party? (come) 너는 팀의 생일파티에 올 거니?

   B: Yes, I _____ . 응, 갈 거야.

2. A: _____ she _____ English in Canada? (study) 그녀는 캐나다에서 영어를 공부할 건가요?

   B: No, _____ _____ . 아니요, 안 할 거예요.

3. A: _____ James _____ to the dentist tomorrow? (go) 제임스는 내일 치과에 가나요?

   B: Yes, _____ _____ . 네, 갈 거예요.

4. A: _____ the boys _____ basketball after school? (play)

   B: Yes, they _____ . 그 남자아이들은 수업이 끝나고 농구를 할 건가요? – 네, 할 거예요.

5. A: _____ you _____ the book at the library? (borrow)

   B: No, _____ _____ . 너는 그 책을 도서관에서 빌릴 거니? – 아니, 안 빌릴 거야.

D 우리말 뜻을 참고하여 틀린 부분을 찾아 바르게 고치세요.

1. **Will you arriving in Seoul soon?** 당신은 서울에 곧 도착할 예정인가요?

   [ ] → [ ]

2. **Is John go to travel to Africa?** 존은 아프리카로 여행을 갈 건가요?

   [ ] → [ ]

3. **Will your mom makes cream pasta?** 너희 엄마는 크림 파스타를 만드실 거니?

   [ ] → [ ]

4. **Does they going to raise a cat?** 그들은 고양이를 기를 예정인가요?

   [ ] → [ ]

5. **Is Melanie going to invites her friends?** 멜라니는 그녀의 친구들을 초대할 건가요?

   [ ] → [ ]

dentist 치과 의사   go to the dentist 치과에 진료 받으러 가다   borrow 빌리다   library 도서관   soon 곧
invite 초대하다

A 각 문장을 의문문으로 바꿔 쓰세요.

1. **You will make a paper doll.** 너는 종이 인형을 만들 것이다.

   의문문 _____

2. **You are going to wait for Emliy here.** 너는 여기서 에밀리를 기다릴 것이다.

   의문문 _____

3. **He is going to clean his room today.** 그는 오늘 자기 방을 청소할 것이다.

   의문문 _____

4. **You will take a shower before dinner.** 너는 저녁 먹기 전에 샤워할 것이다.

   의문문 _____

5. **They are going to buy a new computer.** 그들은 새 컴퓨터를 살 예정이다.

   의문문 _____

B 주어진 단어들을 바르게 배열하여 우리말과 같은 뜻이 되도록 문장을 완성하세요.

1. 그는 그 책을 읽을 건가요? (the book / he / read / will / ?)

   → _____

2. 그녀는 그 영화를 볼 건가요? (the movie / going to / she / is / watch / ?)

   → _____

3. 너는 내일 일찍 일어날 거니? (early tomorrow / are / going to / you / get up / ?)

   → _____

4. 너희는 이번 주말에 테마파크에 갈 거니?

   (this weekend / will / to the theme park / go / you / ?)

   → _____

5. 그들은 새 건물을 지을 건가요? (build / are / going to / a new building / they / ?)

   → _____

paper doll 종이 인형   wait for ~를 기다리다   here 여기에   clean 청소하다   theme park 테마파크   build 짓다, 건설하다   building 건물

C 보기의 동사들과 be going to를 사용하여 파자마 파티에 대한 글을 완성하세요.

| 보기 | eat | have | play | wear(2번 사용) |

Pajama Party

I _____ _____ _____ _____ a pajama party with my friends tomorrow night. My friends and I _____ _____ _____ _____ pretty pajamas. Sue _____ _____ _____ _____ orange pajamas. We _____ _____ _____ _____ a few games and watch a movie. And we _____ _____ _____ _____ delicious food like pizza and fried chicken.

D 앤디의 방학 계획표를 보고 미래형을 써서 앤디와 친구의 대화를 완성하세요.

| MONDAY | TUESDAY | WEDNESDAY | THURSDAY | FRIDAY |

A : Andy, will you go hiking on Monday?

B : No, I won't. I _____ draw a picture.

A : Will you go to the library on Tuesday?

B : Yes, I _____ .

A : _____ _____ play soccer on Wednesday?

B : _____ , I won't. I _____ play volleyball.

A : _____ _____ take a cooking class on Friday?

B : No, I _____ . I _____ take a swimming class.

1 다음 중 미래를 나타내는 문장을 <u>모두</u> 고르세요.

① I am watching my favorite TV show now.
② She will stay home this weekend.
③ My dad worked for the company.
④ It is going to rain tonight.
⑤ Do they play soccer every Sunday?

* work 일하다

2-4 빈칸에 들어갈 말로 알맞은 것을 고르세요.

2

Mina will _____ 12 years old next year.

① is   ② being   ③ be
④ to be   ⑤ are

3

I _____ going to meet Daniel tomorrow.

① be   ② is   ③ will
④ are   ⑤ am

4

They are _____ to visit the museum this weekend.

① go   ② will   ③ will go
④ going   ⑤ gone

5 다음 문장을 미래형으로 바르게 바꾼 것을 고르세요.

They sell fries and burgers.

① They selling fries and burgers.
② They will sell fries and burgers.
③ They going to sell fries and burgers.
④ They go to sell fries and burgers.
⑤ They will going to sell fries and burgers.

6 빈칸에 들어갈 수 <u>없는</u> 것을 고르세요.

Andrew will read a book _____.

① tonight   ② tomorrow
③ this Saturday   ④ last night
⑤ next Monday

* last 지난

7 빈칸에 공통으로 들어갈 말을 고르세요.

• She is not _____ take the train.
• Are they _____ meet at the cafe tomorrow?

① go   ② will   ③ going to
④ going   ⑤ be

8-9 주어진 문장을 지시대로 바르게 바꾼 것을 고르세요.

8

> My parents are going to travel to Europe. 부정문

① My parents not going to travel to Europe.
② My parents are going not to travel to Europe.
③ My parents are not going to travel to Europe.
④ My parents don't go to travel to Europe.
⑤ My parents will not going to travel to Europe.

* parents 부모

9

> He will buy a new car next month. 의문문

① Will he buying a new car next month?
② Is he will buy a new car next month?
③ Does he will buy a new car next month?
④ He will do buy a new car next month?
⑤ Will he buy a new car next month?

10 다음 중 올바른 문장을 고르세요.

① We will going to the children's park.
② He will goes there by bus.
③ Are you going to watching TV?
④ I won't to go to his house.
⑤ I will take a violin lesson next Tuesday.

* children 아이들(child의 복수형)

11-12 우리말을 영어로 바르게 옮긴 것을 고르세요.

11

> 내일 비가 올 거예요.

① It rains tomorrow.
② It will be rain tomorrow.
③ It rain will tomorrow.
④ It will rain tomorrow.
⑤ Will it rain tomorrow.

12

> 나는 오늘 저녁 안 먹을 거야.

① I don't go eat dinner today.
② I not going to eat dinner today.
③ I'm not going to eat dinner today.
④ I will not going to eat dinner today.
⑤ I don't will going to eat dinner today.

13 빈칸에 들어갈 말로 바르게 짝지어진 것을 고르세요.

> • Chris _____ going to be in London next week.
> • Ed _____ in LA now.

① is - is   ② will - is ③ is - be
④ be - is   ⑤ will - be

14 우리말 뜻을 참고하여 다음 문장을 바르게 고치는 방법으로 알맞은 것을 고르세요.

> **Are you go to take the subway?**
> 너는 지하철을 탈 거니?

① Are를 Do로 고친다.
② go를 going으로 고친다.
③ to take를 taking으로 고친다.
④ go를 to go로 고친다.
⑤ to take를 take로 고친다.

15 질문에 대한 대답으로 알맞은 것을 고르세요.

> A: Will you play basketball after school today?
> B: _____

① No, you will.   ② No, you won't.
③ No, I will.   ④ Yes, I will.
⑤ Yes, I am.

16 대답을 보고 질문으로 알맞은 것을 고르세요.

> A: _____
> B: No, she isn't.

① Does she attend Tom's birthday party?
② Will she attend Tom's birthday party?
③ Is she going to attend Tom's birthday party?
④ Did she attend Tom's birthday party?
⑤ Is she attend Tom's birthday party?

* **attend** 참석하다, 참가하다

17 빈칸에 들어갈 말이 나머지와 <u>다른</u> 하나를 고르세요.

① _____ you going to start tomorrow morning?
② They _____ not go hiking this Sunday.
③ We _____ not going to eat hamburgers.
④ _____ the children going to play baseball?
⑤ John and Tommy _____ not going to come early.

* **hamburger** 햄버거

18 다음 중 <u>틀린</u> 문장을 고르세요.

① Does she going to buy the book?
② I will go there by bus.
③ Harry is going to travel to Korea.
④ Will you come back home early today?
⑤ Is it going to snow this weekend?

19-20 각 문장을 지시대로 바꿔 쓰세요.

19
She is going to change her hairstyle. 의문문

→ _____

_____

* **hairstyle** 헤어스타일, 머리 모양

20
It will be cloudy tomorrow.
부정문

→ _____

21 다음 대화에서 대답을 완성하세요.

A: Will you play the guitar at the concert?
B: No, _____.

22 다음 대화에서 질문을 완성하세요.

A: ____ ____ ____ ____
meet his friends tomorrow?
B: Yes, he is.

23 우리말 뜻에 맞도록 틀린 부분을 바르게 고쳐 문장을 다시 쓰세요.

She going to arrive at five thirty.
그녀는 5시 30분에 도착할 예정이다.

→ _____

24-25 주어진 단어들을 바르게 배열하여 우리말과 같은 뜻이 되도록 문장을 완성하세요.

24
그는 내일 로마로 떠날 것이다.
(leave / will / for Rome / tomorrow / he / .)

→ _____

_____

25
너는 미국에서 공부할 거니?
(you / in America / are / study / going to / ?)

→ _____

_____

Word List

앞에서 배운 단어를 한 번 더 확인하고 어렵거나 모르는 단어는 다시 공부하세요.

☐ again	또, 다시, 한 번 더		☐ arrive	도착하다	
☐ attend	참석하다, 참가하다		☐ bake	굽다	
☐ borrow	빌리다		☐ breakfast	아침 식사	
☐ build	짓다, 건설하다		☐ change	바꾸다, 변하다	
☐ clean	청소하다		☐ country	시골, 나라	
☐ delicious	맛있는		☐ dream	꿈	
☐ exam	시험		☐ exercise	운동하다; 운동	
☐ favorite	특히[매우] 좋아하는		☐ fight	싸우다	
☐ forget	잊다, 잊어버리다		☐ graduate from	~를 졸업하다	
☐ invite	초대하다		☐ learn	배우다	
☐ leave	떠나다, 출발하다		☐ library	도서관	
☐ listen	(귀 기울여) 듣다		☐ mind	마음, 정신	
☐ move	이사하다, 움직이다		☐ over	~ 넘게, ~을 넘어서	
☐ plan	계획; 계획하다		☐ return	반납하다, 돌려주다	
☐ soon	곧		☐ spend	(시간을) 보내다	
☐ stay	머무르다, 계속 있다		☐ travel to	~로 여행을 가다	
☐ various	여러 가지의, 다양한		☐ wait for	~를 기다리다	
☐ wear	입다		☐ weekend	주말	

CHAPTER 2
의문사

동영상 강의

Unit 1. who, what

Unit 2. when, where, why

Unit 3. how

의문사는 '누가, 언제, 어디서, 무엇을, 어떻게, 왜'를 물어볼 때 쓰는 말이에요.
who, what, when, where, why, how 등 의문사의 사용법을 배워요.

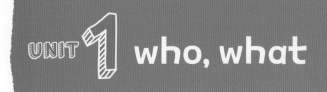 

UNIT 1 who, what

① 의문사

의문사는 '누가, 언제, 어디서, 무엇을, 어떻게, 왜'를 물어볼 때 쓰는 말이에요.
질문하는 문장(의문문)의 맨 앞에 써요.

누가	언제	어디서	무엇을	어떻게	왜
who	when	where	what	how	why

② 의문사 who

who는 '누구, 누가, 누구를'이라는 뜻으로, 누구인지, 누가 무엇을 했는지, 누구를 어찌 했는지 등 사람에 대해 물어볼 때 쓰는 의문사예요.

Who is that girl? 저 여자아이는 누구야?
Who is in the bathroom? 욕실에 누가 있나요?
Who did you meet yesterday? 너는 어제 누구를 만났니?
Who teaches English? 누가 영어를 가르쳐요?

> 의문사 who가 주어일 때('누가'로 해석될 때)는 뒤에 조동사 do를 쓰지 않고 동사가 바로 와요.
> 이때 who는 3인칭 단수로 취급하여 동사는 3인칭 단수형을 써요.

③ 의문사 what

what은 '무엇, 무엇을'이라는 뜻으로, 사물에 대해 물어볼 때 쓰는 의문사예요.

What is this? 이게 뭐예요[무엇이에요]?
What did you buy there? 너 거기서 뭐 샀어?
What will you eat for dinner? 저녁으로 뭘 먹을 거예요?
What can he do for her? 그가 그녀를 위해 뭘 할 수 있나요?

> ※ 의문사 있는 의문문에는 Yes, No로 대답하지 않고 묻는 내용에 대해 구체적으로 답해요.
>
> A : Who is that girl?
> B : She is my sister.
> A : What did you buy there?
> B : I bought a bottle of juice.

④ 의문사 있는 의문문의 어순

의문사와 be동사가 쓰일 때	의문사 + be동사 + 주어 ~? 의문사 + be동사 + 부사(구) ~?	Who are you? What is on the desk?
의문사와 일반동사가 쓰일 때	의문사 + do/does/did + 주어 + 동사원형 ~? 의문사(주어) + 동사 ~?	What did you do today? Who invented the Internet?
의문사와 조동사가 쓰일 때	의문사 + 조동사 + 주어 + 동사원형 ~?	Who will you meet tomorrow?

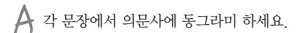

A 각 문장에서 의문사에 동그라미 하세요.

1. **Who is that boy in blue?** 파란 옷을 입은 저 남자아이는 누구예요?

2. **What are you looking at?** 넌 뭘 보고 있니?

3. **When will Ryan go to New York?** 라이언은 언제 뉴욕에 갈 건가요?

4. **Where is the market?** 시장은 어디인가요?

5. **How did you go to Jeju Island last year?** 너는 작년에 제주도에 어떻게 갔니?

B 그림을 보고 괄호 안에서 알맞은 의문사를 고르세요.

1.

(Who / What) is that woman?

2.

(Who / What) is this?

3.

(Who / What) spilled the milk?

4.

(Who / What) did you do on your birthday?

C 밑줄 친 의문사의 의미로 알맞은 것에 √ 표시 하세요.

1. <u>Who</u> is that tall boy?   ☐ 무엇   ☐ 누구

2. <u>What</u> is your phone number?   ☐ 무엇   ☐ 누구

3. <u>Who</u> gave you these flowers?   ☐ 무엇이   ☐ 누가

4. <u>What</u> are you watching now?   ☐ 누구를   ☐ 무엇을

5. <u>Who</u> did you meet yesterday?   ☐ 누가   ☐ 누구를

🔍 in blue 파란 옷을 입은 look at ~을 쳐다보다 market 시장 spill 쏟다 yesterday 어제

A 그림을 보고 빈칸에 Who나 What 중 알맞은 것을 쓰세요.

1. _____ are those children?

2. _____ are your hobbies?

3. _____ made this sandwich?

4. _____ do you have in your hand?

5. _____ did you eat for breakfast?

B 우리말 뜻에 맞도록 괄호 안에서 알맞은 동사를 고르세요.

1. Who (is / are) your math teacher?
   너희 수학 선생님은 누구시니?

2. Who (is / are) the people in front of the house?
   그 집 앞에 있는 사람들은 누구예요?

3. What (does / did) they talk about on the phone last night?
   그들은 어젯밤 전화로 무엇을 이야기했나요?

4. Who (write / wrote) this book?
   누가 이 책을 썼어요?

✡TIP
· Who가 '누가'라는 뜻으로 주어이면 Who
  뒤에 동사가 바로 와요.
  Who opened the door?
· 주어가 따로 있을 때는 Who 뒤에 do가 와요.
  Who did you meet yesterday? (you가 주어)

5. What (is / are) the tickets on the desk?
   책상 위에 있는 그 표들은 뭐야?

6. What (did / will) you buy for her present?
   당신은 그녀의 선물로 무엇을 살 건가요?

C 질문에 알맞은 대답을 연결하세요.

1. Who is the girl? • ⓐ I went hiking.

2. What are those boxes? • ⓑ James made it.

3. Who did you talk to? • ⓒ She is my friend Lea.

4. What did you do yesterday? • ⓓ They are Christmas presents.

5. Who made this snowman? • ⓔ I talked to Angela.

D 대답을 보고 빈칸에 Who나 What 중 알맞은 의문사를 써서 질문을 완성하세요.

1. A: _____ are you eating now?

   B: I am eating an apple now. 나는 지금 사과를 먹고 있어요.

2. A: _____ did you visit last weekend?

   B: I visited Mr. Robinson. 나는 로빈슨 씨를 방문했어요.

3. A: _____ are you reading?

   B: I am reading a novel. 나는 소설을 읽고 있어요.

4. A: _____ is your favorite composer?

   B: My favorite composer is Chopin. 내가 특히 좋아하는 작곡가는 쇼팽이에요.

5. A: _____ painted this picture?

   B: My little brother painted it. 내 남동생이 그걸 그렸어요.

6. A: _____ are you going to do this weekend?

   B: I'm going to go on a picnic with my family. 가족이랑 소풍 갈 거예요.

novel 소설   composer 작곡가   Chopin 쇼팽   paint (그림 물감으로) 그리다, 페인트칠하다

A 우리말 뜻을 참고하여 틀린 부분을 바르게 고쳐 문장을 다시 쓰세요.

1. **What is that man with long hair?** 머리 긴 저 남자는 누구예요?

   →

2. **Who do you do on Sundays?** 너는 일요일에는 뭘 하니?

   →

3. **What are those ladies?** 저 여성분들은 누구예요?

   →

4. **Who are you drinking now?** 너 지금 뭐 마시니?

   →

5. **Who did your mom buy at the market?** 너희 엄마는 시장에서 뭘 사셨니?

   →

B 주어진 단어들을 바르게 배열하여 우리말과 같은 뜻이 되도록 문장을 완성하세요.

1. 그것의 이름은 무엇인가요? (its / what / name / is / ?)

   →

2. 저 키 큰 여자아이는 누구예요? (that / who / tall girl / is / ?)

   →

3. 너는 지금 뭐가 필요하니? (need / what / do / now / you / ?)

   →

4. 너는 누구를 기다리고 있니? (waiting for / you / who / are / ?)

   →

5. 너는 작년에 뭘 배웠니? (did / last year / you / what / learn / ?)

   →

🔍 lady 여성, 여자분 name 이름 need 필요로 하다

C 빈칸에 알맞은 의문사를 써서 지난 크리스마스에 대한 두 친구의 대화를 완성하세요.

D 파티 계획표를 보고 빈칸에 알맞은 의문사를 써서 대화를 완성하세요.

Jimin's Birthday Party Checklist

Name	Thing To Do
Suji	Plan games and activities
Andy	Order a cake
Kate	Buy balloons
James	Call friends

A: _____ will plan games? B: Suji will.

A: _____ will Andy do for the party? B: He will order a cake.

A: _____ will buy balloons? B: Kate will buy them.

A: _____ will James do for the party? B: He will call friends.

UNIT 2 when, where, why

1 when

when은 '언제'라는 뜻으로, 시간, 날짜, 요일, 연도 등을 물어볼 때 쓰는 의문사예요.

When is your birthday? 네 생일이 언제니?

When does Brian come home on weekdays? 브라이언은 평일에 언제 집에 오나요?

When did she travel to France and England? 그녀는 언제 프랑스와 영국을 여행했나요?

When will you leave for the airport? 언제 공항으로 출발할 거예요?

What time will you leave for the train station? 몇 시에 기차역으로 출발할 거예요?

> 구체적인 시간을 물어볼 때는 when 대신
> what time(몇 시에)을 쓸 수 있어요.

2 where

where는 '어디에, 어디서'라는 뜻으로, 장소나 위치를 물어볼 때 쓰는 의문사예요.

Where is your house? 네 집은 어디에 있어?

Where do you learn English? 너는 어디서 영어를 배워?

Where did she first meet him? 그녀는 어디서 처음 그를 만났나요?

Where will you eat dinner tonight? 오늘 저녁은 어디서 먹을 거예요?

3 why

why는 '왜'라고 이유를 묻는 의문사예요. why로 물어보면 보통 because ~(왜냐하면 ~, ~하기 때문에, ~해서)로 대답해요.

A : **Why** are you sleepy? 너 왜 졸리니?

B : **Because** I woke up too early this morning. 오늘 아침에 너무 일찍 일어나서요.

A : **Why** do you like winter? 왜 겨울을 좋아해요?

B : **Because** it snows and I can enjoy Christmas. 눈이 오고 크리스마스를 즐길 수 있기 때문에요.

A 각 문장에서 의문사에 동그라미 하고 그 뜻으로 알맞은 것에 √ 표시 하세요.

1. When did you come to Korea? ☐ 언제 ☐ 어디서

2. Where will you meet him? ☐ 언제 ☐ 어디서

3. Why are you angry? ☐ 왜 ☐ 어떻게

B 그림을 보고 괄호 안에서 알맞은 것을 고르세요.

1.
(Why / What) are you so sad?

2.
(What / When) is Andy's birthday?

3.
(When / Where) does she live?

4.
(When / What) will you take the train?

C 우리말과 같은 뜻이 되도록 알맞은 문장을 골라 √ 표시 하세요.

1. 넌 어디 사니?
☐ When do you live?   ☐ Where do you live?

2. 넌 누굴 만났니?
☐ Where did you meet?   ☐ Who did you meet?

3. 넌 왜 늦었니?
☐ Why are you late?   ☐ When are you late?

4. 넌 언제 자니?
☐ What do you go to bed?   ☐ When do you go to bed?

🔍 angry 화가 난 sad 슬픈 live 살다

A 그림을 보고 빈칸에 When, Where, Why 중 알맞은 의문사를 쓰세요.

1 | 2 | 3 | 4 | 5

1. _____ is Children's Day?   2. _____ is the baby crying?

3. _____ is the post office?   4. _____ will you go swimming?

5. _____ are you so happy?

B 우리말 뜻에 맞도록 빈칸에 알맞은 의문사와 동사를 쓰세요.

1. 그들은 왜 프랑스어를 배우나요?

   → _____ _____ they learn French?

2. 너는 네 전화기를 어디서 찾았니?

   → _____ _____ you find your phone?

3. 그 아이들은 어디서 썰매를 탈 건가요?

   → _____ _____ the children ride sleds?

4. 너는 어제 왜 학교에 늦었니?

   → _____ _____ you late for school yesterday?

5. 여름 방학은 언제 시작했나요?

   → _____ _____ the summer vacation start?

6. 그녀는 오늘 왜 학교에 일찍 갔나요?

   → _____ _____ she go to school early today?

7. 너는 언제 초등학교를 졸업하니?

   → _____ _____ you graduate from elementary school?

cry 울다   post office 우체국   French 프랑스어; 프랑스의   find 찾다, 발견하다   sled 썰매   ride a sled 썰매를 타다   vacation 방학, 휴가
elementary school 초등학교

C 질문에 알맞은 대답을 연결하세요.

1. Where is France? •

2. When did she come to Korea? •

3. Why are you late? •

4. Where did you eat lunch? •

5. When is John's birthday? •

ⓐ She came here last year.

ⓑ At the school cafeteria.

ⓒ It is June 20th.

ⓓ It is in Europe.

ⓔ Because I missed the train.

D 대답을 보고 빈칸에 알맞은 의문사를 써서 질문을 완성하세요.

1. A: _____ is your cat?
   B: It is on the cat tower. 캣타워에 있어요.

2. A: _____ is Parents' Day in Korea?
   B: May 8th. 5월 8일이에요.

3. A: _____ are you so angry?
   B: Because Tom broke his promise. 톰이 약속을 깨뜨렸기 때문이에요.

4. A: _____ does your mother work?
   B: She works at a library. 도서관에서 일하세요.

5. A: _____ do you go to bed on weekends?
   B: At about 11 p.m. 밤 11시쯤에요.

A 우리말 뜻에 맞도록 틀린 부분을 바르게 고쳐 문장을 다시 쓰세요.

1. **When did he live in 2017?** 그는 2017년에 어디에 살았나요?
   → _____

2. **Where does the English class start?** 영어 수업은 언제 시작하나요?
   → _____

3. **What did you come home early today?** 너는 오늘 왜 집에 일찍 왔니?
   → _____

4. **When did you buy that T-shirt?** 너는 그 티셔츠를 어디서 샀니?
   → _____

5. **When she is going to leave for Busan?** 그녀는 언제 부산으로 떠날 예정인가요?
   → _____

B 주어진 단어들을 바르게 배열하여 우리말과 같은 뜻이 되도록 문장을 완성하세요.

1. 네 학교는 어디에 있어? (where / your school / is / ?)
   → _____

2. 너는 왜 채소를 싫어해? (you / vegetables / why / do / hate / ?)
   → _____

3. 너는 언제 중학교에 입학하니? (middle school / when / you / will / enter / ?)
   → _____

4. 그 남자아이는 왜 오늘 집에 있어요? (is / why / at home today / the boy / ?)
   → _____

5. 당신은 그 영화를 어디서 보았나요? (watch / you / where / did / that movie / ?)
   → _____

vegetable 채소 hate 싫어하다 enter 들어가다, 입학하다

C 수첩 일부를 보고 빈칸에 알맞은 의문사를 넣어 대화를 완성하세요.

June 11 SUN	12 MON	13 TUE	14 WED
soccer game - 5 p.m. - soccer field	art class - 4 p.m. - art studio	piano concert - 11 a.m. - music hall	My 13th Birthday

A : _____ is your birthday?   B : It is June 14th.

A : _____ did you play soccer?   B : On the soccer field.

A : _____ did you have the art class?   B : I had it at the art studio.

A : _____ did the piano concert start?   B : It started at 11 in the morning.

D 친구들의 주말 계획을 보고 빈칸에 알맞은 단어를 넣어 대화를 완성하세요.

Alice: I'm going to visit my grandparents this Saturday. This Saturday is my grandma's birthday.

Mason: I'm going to go hiking with my friends this Sunday. We will start at 9 in the morning.

John: I'm going to go camping with my family this Saturday. We're going to have a barbecue.

Olivia: I'm going to go shopping this Saturday. I need a dress for the talent show.

A : _____ will Alice visit her grandparents?

B : Because this Saturday is her grandma's birthday.

A : _____ will Mason and his friends start?

B : They will start at 9 in the morning.

A : When will John go camping?

B : He will go camping _____.

A : Why does Olivia need a dress?

B : _____ will attend a talent show.

UNIT 3 how

1 how

how는 '어떤, 어떻게, 얼마나'라는 뜻으로, 상태나 정도, 방법, 수단 등을 물어볼 때 쓰는 의문사예요.

How is the weather in San Francisco? 샌프란시스코는 날씨가 어때요?

How do you go to school? 너는 학교에 어떻게 가니?

How did Violet draw this? 바이올렛은 이걸 어떻게 그렸나요?

2 how+형용사/부사

의문사 how 뒤에 형용사나 부사를 써서 수, 양, 가격, 나이, 길이, 키, 기간, 횟수 등을 물어볼 수 있어요.

How many students are in the classroom? 교실에 학생들이 몇 명 있나요? (수)

How much water do you drink a day? 너는 하루에 물을 얼마나 마시니? (양)

How much is this bicycle? 이 자전거 얼마예요? (가격)

How old is the scientist? 그 과학자는 몇 살인가요? (나이)

How long is the bridge? 그 다리는 길이가 얼마나 되나요? (길이)

How tall are you? 키가 몇이에요? (키)

How long did you live in the city? 당신은 그 도시에 얼마나 살았나요? (기간)

How often do you go camping? 당신은 캠핑을 얼마나 자주 가나요? (횟수)

수	How many + 복수 명사	몇 ~의, 얼마나 많은	양	How much + 셀 수 없는 명사	(양이) 얼마
가격	How much	(가격이) 얼마	나이	How old	몇 살, 얼마나 오래된
길이	How long	길이가 얼마	키	How tall	키가 얼마
기간	How long	기간이 얼마	횟수	How often	얼마나 자주

A 우리말과 같은 뜻이 되도록 알맞은 문장을 골라 √ 표시 하세요.

1. 오늘 날씨 어때요?

☐ What is the weather today?   ☐ How is the weather today?

2. 오늘 기분이 어때요?

☐ How are you today?   ☐ How much are you today?

3. 그는 어떻게 출근하나요?

☐ What does he go to work?   ☐ How does he go to work?

B 그림을 참고하여 괄호 안에서 알맞은 것을 고르세요.

1.

How (many / much) eggs are there?

2.

How (old / long) is your grandmother?

3.

How (many / much) is this T-shirt?

4.

How (tall / long) is the boy?

C 우리말과 같은 뜻이 되도록 빈칸에 알맞은 단어를 쓰세요.

1. 서울 날씨가 어때요?   →   _____ is the weather in Seoul?

2. 이 종이배는 어떻게 만들었니?   →   _____ did you make this paper ship?

3. 잔에 물이 얼마나 있나요?   →   _____ _____ water is in the glass?

4. 저 기린은 키가 얼마나 되나요?   →   _____ _____ is that giraffe?

🔍 weather 날씨   paper ship 종이배   glass 유리잔   giraffe 기린

A 그림을 참고하여 빈칸에 알맞은 단어를 괄호에서 골라 쓰세요.

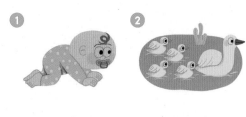  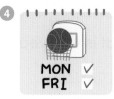  

1. How _____ is the baby?   (many / old)

2. How _____ ducks are there?   (much / many)

3. How _____ is this hamburger?   (much / many)

4. How _____ do you play basketball?   (often / many)

5. How _____ will you stay in London?   (old / long)

B B의 대답을 보고 A의 빈칸에 알맞은 말을 보기에서 골라 쓰세요.

보기 | many | much | old | long | often |

1. A: How _____ is your mother?

   B: She is 40 years old. 40살이세요.

2. A: How _____ rice do you eat a month?

   B: About five kilograms. 5킬로그램쯤이요.

3. A: How _____ is the river?

   B: It is about 510 kilometers. 510킬로미터쯤 돼요.

4. A: How _____ kids are there?

   B: There are 12 kids. 아이가 열두 명 있어요.

5. A: How _____ do you go to the movies?

   B: Once a month. 한 달에 한 번요.

duck 오리 rice 쌀, 밥 month 달, 월 kid 아이 once a month 한 달에 한 번

C 우리말과 같은 뜻이 되도록 빈칸에 알맞은 말을 쓰세요.

1. 그 영화는 어땠어요?

→ _____ was the movie?

2. 네 강아지는 몇 살이니?

→ _____ _____ is your dog?

3. 빵을 얼마나 원해요?

→ _____ _____ bread do you want?

4. 그는 얼마나 오래 중국어를 공부했나요?

→ _____ _____ did he study Chinese?

5. 너는 얼마나 자주 손을 씻니?

→ _____ _____ do you wash your hands?

D 질문에 알맞은 대답을 연결하세요.

1. How tall is that boy?   •

    ⓐ There are 10 students.

2. How old is this tree?   •

    ⓑ It is 30 dollars.

3. How much is this cake?   •

    ⓒ By subway.

4. How did you come here?   •

    ⓓ He is 165 centimeters.

5. How many students are at the library? •

    ⓔ Over 200 years old.

A 우리말 뜻을 참고하여 틀린 부분을 바르게 고쳐 문장을 다시 쓰세요.

1. **What often does she go swimming?** 그녀는 수영을 얼마나 자주 가나요?
   → _____

2. **How much dogs are in the yard?** 마당에 개가 몇 마리 있어요?
   → _____

3. **How many are your new shoes?** 네 새 신발은 가격이 얼마야?
   → _____

4. **How long is the basketball player?** 그 농구 선수는 키가 얼마나 되나요?
   → _____

5. **How old did you travel in Italy?** 이탈리아를 얼마 동안 여행했어요?
   → _____

B 주어진 단어들을 바르게 배열하여 우리말과 같은 뜻이 되도록 문장을 완성하세요.

1. 네 언니는 몇 살이니? (how / your sister / old / is / ?)
   → _____

2. 너는 펜이 몇 개나 있니? (how / have / many / you / pens / do / ?)
   → _____

3. 당신은 어떻게 그 책을 구했어요? (the book / how / you / get / did / ?)
   → _____

4. 당신은 설탕이 얼마나 필요해요? (sugar / need / how / do / much / you / ?)
   → _____

5. 너는 도서관에 얼마나 자주 가니? (to the library / you / do / often / go / how / ?)
   → _____

C 빈칸에 알맞은 의문사를 넣어 손님과 상인의 대화를 완성하세요.

_____ are you today?

I'm fine, thanks. How are you?

I'm very well.

_____ _____ are these melons?

They're five dollars.

That's a good price.

_____ _____ do you want?

I'll buy two.

Okay.

D 두 친구가 남산 서울 타워에 대해 이야기를 나누고 있습니다. 보기에서 알맞은 의문사를 골라 빈칸을 채워 대화를 완성하세요.

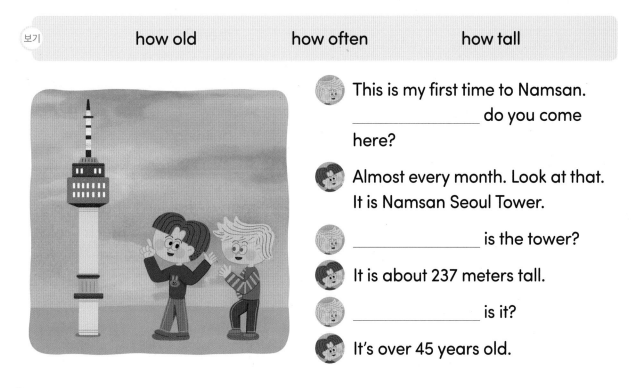

| 보기 | how old | how often | how tall |

This is my first time to Namsan. _____ do you come here?

Almost every month. Look at that. It is Namsan Seoul Tower.

_____ is the tower?

It is about 237 meters tall.

_____ is it?

It's over 45 years old.

1-3 빈칸에 들어갈 알맞은 의문사를 고르세요.

1

_____ wrote this poem?

① What   ② How   ③ Who
④ When   ⑤ Where

* poem 시

2

_____ is Mother's Day in Korea?

① When   ② Who   ③ Where
④ Why   ⑤ How

3

_____ did you eat for breakfast today?

① When   ② How   ③ Where
④ Why   ⑤ What

4 빈칸에 How가 들어갈 수 <u>없는</u> 것을 고르세요.

① _____ are you today?
② _____ taught you English last year?
③ _____ long is the river?
④ _____ old is the Eiffel Tower?
⑤ _____ tall is your brother?

5-6 빈칸에 들어갈 의문사가 바르게 짝지어진 것을 고르세요.

5

A: _____ did you learn English?
B: In Korea.
....
A: _____ are you so happy?
B: Because I passed the test.

① Why - How   ② What - Why
③ How - When   ④ Where - Why
⑤ Why - When

* pass 합격하다, 통과하다

6

A: How _____ ducks are there?
B: There are five.
....
A: How _____ is the building?
B: 50 years old.

① many - tall   ② many - old
③ much - long   ④ much - old
⑤ old - much

7 빈칸에 들어갈 수 <u>없는</u> 것을 고르세요.

> How many _____ do you have?

① pens　② books　③ milk
④ dolls　⑤ bags

보기
> ① In the school playground.
> ② Because I got up late.
> ③ At 7 p.m.
> ④ By subway.

8-9 빈칸에 들어갈 의문사가 나머지와 <u>다른</u> 하나를 고르세요.

8　① _____ is the lady in the white shirt?
② _____ is your favorite singer?
③ _____ are you talking to?
④ _____ did you meet last Saturday?
⑤ _____ do you do after school?

9　① _____ was the weather yesterday?
② _____ much is this book?
③ _____ is the girl's name?
④ _____ old is your mother?
⑤ _____ many students are in the classroom?

* classroom 교실

10
A: When did the TV show begin?
B: _____

* begin 시작하다

11
A: Where do the boys play soccer?
B: _____

12
A: How does your mother go to work?
B: _____

13
A: Why were you late this morning?
B: _____

14 다음 중 <u>어색한</u> 대화를 고르세요.

① A: When is your birthday?
  B: It's October 10th.
② A: Where did you first meet him?
  B: In Shanghai, China.
③ A: When did you see the movie?
  B: I saw it in 2016.
④ A: Why do you like the man?
  B: Because he is sweet and handsome.
⑤ A: How tall is your brother?
  B: He is 27 years old.

15-16 대답을 보고 질문으로 알맞은 것을 고르세요.

15

A: _____
B: I met James.

① Who did you meet at the bus stop?
② When did you meet James?
③ Where did you meet him?
④ Why did you meet him at the bus stop?
⑤ How did you meet him?

16

A: _____
B: I like summer most.

① When do you go swimming?
② What season is it now?
③ Who do you like most?
④ What is your favorite season?
⑤ Why do you like summer?

17-18 질문에 대한 대답으로 알맞지 <u>않은</u> 것을 고르세요.

17

Where will you do your homework?

① At home.
② At school.
③ In the library.
④ After dinner.
⑤ At my friend's house.

18

How often do you exercise these days?

① Every day.
② Two days a week.
③ For an hour.
④ Four days a week.
⑤ I don't exercise.

∗ these days 요즘

19 다음 중 <u>틀린</u> 문장을 고르세요.

① What is the name of the tower?
② What are you reading now?
③ How much sisters do you have?
④ Where did you buy the jacket?
⑤ Why is the boy crying?

20-21 빈칸에 알맞은 말을 써서 대화를 완성하세요.

20

A : _____ did you do yesterday?
B : I went to the movies.

21

A : _____ is he so angry?
B : Because his friend lied to him.

* lie 거짓말하다

22 우리말 뜻에 맞도록 틀린 부분을 바르게 고쳐 문장을 다시 쓰세요.

How many salt did you put in the soup?

수프에 소금을 얼마나 넣었나요?

→ _____

_____

23 주어진 단어들을 바르게 배열하여 우리말과 같은 뜻이 되도록 문장을 완성하세요.

그녀는 얼마나 자주 배드민턴을 치나요?
(she / play badminton / how / does / often / ?)

→ _____

_____

24-25 주어진 단어들을 사용하여 우리말과 같은 뜻이 되도록 문장을 완성하세요.

24

달걀 샌드위치는 어떻게 만들어요?
(you, make)

→ _____ an egg sandwich?

25

누가 그 영화를 감독했나요?
(direct, the movie)

→ _____

* direct 감독하다

앞에서 배운 단어를 한 번 더 확인하고 어렵거나 모르는 단어는 다시 공부하세요.

☐ about	약, 대략; ~에 대하여		☐ activity	활동
☐ almost	거의		☐ angry	화가 난
☐ call	부르다, 전화하다		☐ called	~라는 이름[제목]의
☐ Chinese	중국어, 중국인; 중국의		☐ elementary school	초등학교
☐ enter	들어가다, 입학하다		☐ find	찾다, 발견하다
☐ first	첫 번째의, 최초의		☐ French	프랑스어; 프랑스의
☐ get	얻다, 손에 넣다, 받다		☐ hate	싫어하다
☐ kid	아이		☐ lie	거짓말하다
☐ live	살다		☐ market	시장
☐ miss	놓치다		☐ month	달, 월
☐ name	이름		☐ need	필요로 하다
☐ novel	소설		☐ order	주문하다
☐ paint	(그림 물감으로) 그리다, 페인트칠하다		☐ present	선물
☐ price	가격		☐ promise	약속
☐ sad	슬픈		☐ spill	쏟다
☐ ticket	표, 티켓		☐ vacation	방학, 휴가
☐ vegetable	채소		☐ weather	날씨
☐ well	건강한; 잘, 좋게		☐ yard	마당

CHAPTER 3
비교급, 최상급

Unit 1. **형용사와 부사의 비교급**
Unit 2. **형용사와 부사의 최상급**

둘 중 하나가 다른 하나보다 '더' 어떠하다고 비교해서 말할 때 쓰는 비교급과,
셋 이상을 비교해서 그중 하나가 '가장' 어떠하다고 말할 때 쓰는 최상급에 대해 배워요.

UNIT 1 형용사와 부사의 비교급

❶ 비교급

둘 중 하나가 다른 하나보다 '**더 ~한, 더 ~하게**'라고 비교해서 말하는 표현을 비교급이라고 해요.

보통 형용사나 부사에 -er을 붙여서 비교급을 만들고, 비교하는 대상 앞에는 than(~보다)을 써요.

형용사 + -er 더 ~한	taller (키가 더 큰) younger (더 어린)
부사 + -er 더 ~하게	faster (더 빠르게)

Cathy is taller than John. 캐시는 존보다 키가 더 크다.
(형용사 tall의 비교급)

Emily runs faster than Anne. 에밀리는 앤보다 더 빨리 달린다.
(부사 fast의 비교급)

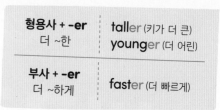

❷ 비교급을 만드는 규칙

대부분의 형용사, 부사 → 원급 + -er	kind - kinder (더 친절한) old - older (더 오래된, 더 나이가 많은) tall - taller (키가 더 큰) fast - faster (더 빠른; 더 빠르게)	long - longer (더 긴) small - smaller (더 작은) young - younger (더 어린) hard - harder (더 단단한; 더 열심히)
-e로 끝나는 단어 → 원급 + -r	brave - braver (더 용감한) large - larger (더 큰)	cute - cuter (더 귀여운) nice - nicer (더 좋은)
<모음1+자음1>로 끝나는 단어 → 자음을 한 번 더 쓰고 -er	big - bigger (더 큰) thin - thinner (더 얇은)	hot - hotter (더 뜨거운, 더 더운)
<자음+-y>로 끝나는 단어 → y를 i로 바꾸고 -er	angry - angrier (더 화난) easy - easier (더 쉬운) heavy - heavier (더 무거운)	early - earlier (더 이른; 더 일찍) happy - happier (더 행복한) pretty - prettier (더 예쁜)

◉ 길이가 긴 단어 앞에는 more

> famous – more famous (더 유명한)
> interesting – more interesting (더 재미있는)
> exciting – more exciting (더 신나는)
> carefully – more carefully (더 조심스럽게)

◉ 불규칙하게 변화하는 비교급

> good/well – better (더 좋은, 나은; 더 잘)
> bad – worse (더 나쁜)
> many, much – more (더 많은; 더)
> little – less (더 적은; 덜, 더 적게)

Jupiter is bigger than Saturn. 목성은 토성보다 더 크다.

Math is easier than English for me. 나에게는 수학이 영어보다 더 쉽다.

This movie is more interesting than that movie. 이 영화는 저 영화보다 더 재미있다.

This is better than that. 이것이 저것보다 낫다.

A 각 형용사의 비교급으로 알맞은 것을 고르세요.

1. kind → (kinder / more kind)   2. big → (biger / bigger)

3. happy → (happyer / happier)   4. bad → (worse / more bad)

5. warm → (warmer / warmier)   6. good → (goodder / better)

7. large → (more large / larger)   8. much → (mucher / more)

9. famous → (famouser / more famous)   10. young → (younger / more young)

B 그림을 보고 괄호 안에서 알맞은 것을 고르세요.

①    ②    ③    ④

1. John is (tall / taller) than Brad.

2. The yellow book is (thick / thicker) than the blue book.

3. A rabbit is (faster / fast) than a turtle.

4. Today is (cold / colder) than yesterday.

C 각 형용사나 부사의 비교급을 쓰세요.

1. hot → _____   2. early → _____

3. nice → _____   4. pretty → _____

5. good → _____   6. angry → _____

7. many → _____   8. slowly → _____

9. brave → _____   10. easy → _____

11. funny → _____   12. exciting → _____

🔍➕ warm 따뜻한 thick 두꺼운 rabbit 토끼 turtle 거북이 funny 우스운, 재미있는

A

단어의 원급과 비교급이 바르게 짝지어졌으면 ○, 잘못 짝지어졌으면 ✕ 표시 하고 바르게 고치세요.

1. short - shorter ⬜ _____

2. bad - badder ⬜ _____

3. cheap - cheaper ⬜ _____

4. hot - hoter ⬜ _____

5. difficult - difficulter ⬜ _____

6. low - lower ⬜ _____

7. high - higher ⬜ _____

8. popular - more popular ⬜ _____

9. carefully - carefullier ⬜ _____

10. quickly - more quickly ⬜ _____

B

그림을 보고 보기의 형용사나 부사를 알맞은 형태로 빈칸에 써서 문장을 완성하세요.

1. Katie's hair is _____ than Jenny's hair.

2. Anne's bag is _____ than Tom's bag.

3. Kai has _____ money than Sumin.

4. This candle is _____ than that candle.

5. The kangaroo jumps _____ than the rabbit.

보기

big

bright

high

long

much

cheap 값싼 difficult 어려운 low 낮은 high 높은 popular 인기 있는 quickly 빨리, 신속하게 money 돈 candle 양초
bright 밝은 kangaroo 캥거루

C 주어진 단어를 알맞은 형태로 빈칸에 쓰세요.

1. good
   a Peter is a _____ boy.
   b His phone is _____ than my phone.

2. busy
   a My dad is always _____.
   b I am _____ this week than last week.

3. slow
   a A snail is _____.
   b A train is _____ than an airplane.

4. bad
   a I had a _____ dream last night.
   b The weather today is _____ than yesterday.

5. difficult
   a This problem is _____.
   b This test is _____ than the last test.

D 우리말과 같은 뜻이 되도록 보기의 단어들을 알맞은 형태로 빈칸에 쓰세요.

| 보기 | long | short | big | hot | important |

1. 캐나다는 멕시코보다 크다.
   → Canada is _____ _____ Mexico.

2. 나는 내 여동생보다 키가 작다.
   → I am _____ _____ my sister.

3. 오늘은 어제보다 덥다.
   → Today, it is _____ _____ yesterday.

4. 시간이 돈보다 더 중요하다.
   → Time is _____ _____ _____ money.

5. 나일강이 한강보다 더 길다.
   → The Nile River is _____ _____ the Han River.

busy 바쁜 always 항상 slow 느린 snail 달팽이 airplane 비행기 dream 꿈 problem 문제
important 중요한 Mexico 멕시코

A 우리말 뜻을 참고하여 틀린 부분을 바르게 고쳐 문장을 다시 쓰세요.

1. Iceland is cold than Italy. 아이슬란드는 이탈리아보다 더 춥다.

→ _____

2. A bicycle is slow than a car. 자전거는 자동차보다 느리다.

→ _____

3. She has many books than her roommate. 그녀는 자기 룸메이트보다 더 많은 책을 갖고 있다.

→ _____

4. Pizza is deliciouser than a hamburger. 피자가 햄버거보다 더 맛있다.

→ _____

5. This cake is most expensive than that cake. 이 케이크가 저 케이크보다 비싸다.

→ _____

B 우리말과 같은 뜻이 되도록 주어진 단어들을 사용하여 영어 문장을 완성하세요.

1. 6월은 5월보다 더 덥다. (hot, May)

→ June is _____.

2. 그는 존보다 더 유명하다. (famous, John)

→ He is _____.

3. 수박은 사과보다 더 크다. (big, an apple)

→ A watermelon is _____.

4. 과학이 수학보다 더 쉽다. (easy, math)

→ Science is _____.

5. 신데렐라는 의붓 언니들보다 더 예뻤다. (pretty, her stepsisters)

→ Cinderella was _____.

Iceland 아이슬란드 roommate 룸메이트 expensive 비싼 watermelon 수박 science 과학 stepsister 의붓 자매

C 그림과 도표를 보고 빈칸에 알맞은 단어를 넣어 우리나라의 산, 강, 섬에 대한 글을 완성하세요.

Mt. _____ is higher than Mt. Halla, but
Mt. Halla is _____ _____
Mt. Seorak.

Mt. Baekdu (2,744m)
Mt. Seorak (1,708m)
Mt. Halla (1,950m)

Nakdong River (510km)
Han River (494km)
Geum River (397km)

The _____ River is longer
than the Han River, but the Han River
is _____ _____ the
Geum River.

Dokdo

Jeju Island is bigger than Geoje Island,
but Geoje Island is _____ _____
Ulleung Island. Dokdo is _____ _____
Ulleung Island.

Jeju Island

Ulleung Island

Geoje Island

D 그림을 보고 보기 속 형용사들의 알맞은 형태와 그 외의 단어를 빈칸에 넣어 글을 완성하세요.

보기   heavy   old   short   tall   young

Roy
Age: 12
Height: 154cm
Weight: 45kg

Henry
Age: 10
Height: 138cm
Weight: 38kg

Liam
Age: 11
Height: 145cm
Weight: 48kg

Roy, Henry, and Liam are not the same age. Roy is _____ than Henry,
and Henry is _____ than Liam. Liam is _____ _____ Roy.
Roy is tall, but Henry is short. Roy is _____ than Liam, and Henry is
_____ _____ Liam. Liam is 48 kilograms. He is _____ than
Roy, but Roy is heavier than _____.

UNIT 2 형용사와 부사의 최상급

① 최상급

최상급은 셋 이상을 비교해서 그중 하나가 '가장 ~한, 가장 ~하게' 라고 말할 때 쓰는 표현이에요.

최상급은 보통 형용사나 부사에 -est를 붙이고, 앞에는 정관사 the 를 써요.

형용사 + -est 가장 ~한	tallest (가장 키가 큰) youngest (가장 어린)
부사 + -est 가장 ~하게	fastest (가장 빠르게)

James is **the tallest** in his class. 제임스는 자기 반에서 키가 제일 크다.
　　　　　(형용사 tall의 최상급)

Emily runs **the fastest** of the girls. 에밀리는 여자아이들 중에서 가장 빨리 달린다.
　　　　　(부사 fast의 최상급)

최상급 문장 끝에는 '~ 중에서'라는 의미의 표현들이 와요.
in 또는 of로 시작하며, 단체, 사람들, 기간 등을 나타내요.

② 최상급을 만드는 규칙

대부분의 형용사, 부사 → 원급 + -est	kind - kindest (가장 친절한) old - oldest (가장 오래된, 가장 나이가 많은) tall - tallest (가장 키가 큰) fast - fastest (가장 빠른; 가장 빠르게)	long - longest (가장 긴) small - smallest (가장 작은) young - youngest (가장 어린) hard - hardest (가장 단단한; 가장 열심히)
-e로 끝나는 단어 → 원급 + -st	brave - bravest (가장 용감한) large - largest (가장 큰)	cute - cutest (가장 귀여운) nice - nicest (가장 좋은)
<모음1+자음1>로 끝나는 단어 → 자음을 한 번 더 쓰고 -est	big - biggest (가장 큰) thin - thinnest (가장 얇은)	hot - hottest (가장 뜨거운, 가장 더운)
<자음+-y>로 끝나는 단어 → y를 i로 바꾸고 -est	angry - angriest (가장 화난) easy - easiest (가장 쉬운) heavy - heaviest (가장 무거운)	early - earliest (가장 이른; 가장 일찍) happy - happiest (가장 행복한) pretty - prettiest (가장 예쁜)

⊙ **길이가 긴 단어 앞에는 most**

famous – most famous (가장 유명한)
interesting – most interesting (가장 재미있는)
exciting – most exciting (가장 신나는)
carefully – most carefully (가장 조심스럽게)

⊙ **불규칙하게 변화하는 최상급**

good/well – best (가장 좋은, 최고의; 가장, 가장 잘)
bad – worst (가장 나쁜, 최악의)
many, much – most (가장 많은, 최고의; 가장)
little – least (가장 적은, 가장 작은, 최소의; 가장 적게)

This is **the oldest** church in this city. 이것은 이 도시에서 가장 오래된 교회다.
He was **the bravest** boy of the kids. 그는 그 아이들 중에서 가장 용감한 아이였다.
She is **the most famous** singer in Korea. 그녀는 한국에서 가장 유명한 가수다.
Today is **the best** day of my life. 오늘은 내 인생에서 최고의 날이다.

A 각 형용사의 최상급을 골라 √ 표시 하고 뜻을 쓰세요.

1. large ☐ largest ☐ most large (뜻 :)

2. hot ☐ hotest ☐ hottest (뜻 :)

3. early ☐ earliest ☐ earlyst (뜻 :)

4. young ☐ youngest ☐ most young (뜻 :)

5. important ☐ importantest ☐ most important (뜻 :)

B 그림을 보고 괄호 안에서 알맞은 것을 고르세요.

1. The elephant is the (bigger / biggest) of the three.

2. Mt. Everest is (higher / the highest) mountain in the world.

3. Betty is the (young / youngest) of the sisters.

4. The steak is the (more / most) expensive food on the menu.

C 우리말과 같은 뜻의 영어 표현을 골라 √ 표시 하세요.

1. 더 넓은 공원 ☐ a larger park ☐ the largest park

2. 최고의 영화 ☐ a better movie ☐ the best movie

3. 가장 슬픈 이야기 ☐ a sadder story ☐ the saddest story

4. 더 아름다운 꽃 ☐ a more beautiful flower ☐ the most beautiful flower

5. 가장 어려운 과목 ☐ a more difficult subject ☐ the most difficult subject

elephant 코끼리　mountain 산　world 세계　steak 스테이크　menu 메뉴　story 이야기
beautiful 아름다운　subject 과목

A 각 형용사나 부사의 최상급을 쓰세요.

1. well   - better   - the _____

2. nice   - nicer   - the _____

3. good   - better   - the _____

4. much   - more   - the _____

5. thin   - thinner   - the _____

6. angry   - angrier   - the _____

7. long   - longer   - the _____

8. bright   - brighter   - the _____

9. quickly   - more quickly   - the _____

10. popular - more popular   - the _____

B 그림을 보고 보기의 형용사를 알맞은 형태로 빈칸에 쓰세요.

| 보기 | heavy | small | fast | light | slow | big | expensive |

1. Mike is the _____, and Andy is the _____.

2. Jupiter is the _____, and Mercury is the _____.

3. The elephant is the _____, and the mouse is the _____.

4. The lobster is the _____.

66 light 가벼운 Mercury 수성 Earth 지구 Jupiter 목성 mouse 쥐 lobster 바닷가재

C 주어진 단어를 알맞은 형태로 빈칸에 쓰세요.

1. **good**
   ⓐ Exercise is _____ for your health.
   ⓑ She is the _____ student in the class.

2. **long**
   ⓐ Her hair is _____ than mine.
   ⓑ The river is the _____ in the country.

3. **many**
   ⓐ There are _____ people at the park.
   ⓑ China has the _____ people in the world.

4. **famous**
   ⓐ The actor is _____ in this country.
   ⓑ He is the _____ Korean artist.

5. **old**
   ⓐ I am 12 years _____.
   ⓑ My grandmother is the _____ in my family.

D 우리말과 같은 뜻이 되도록 보기에서 알맞은 단어를 골라 올바른 형태로 빈칸에 쓰세요.

| 보기 | bad | hot | important | tall | happy |

1. 그것은 서울에서 가장 높은 건물이다.
   → It is _____ building in Seoul.

2. 오늘은 올해 가장 더운 날이다.
   → Today is _____ day of the year.

3. 기후 변화는 세계에서 가장 중요한 문제다.
   → Climate change is _____ problem in the world.

4. 그것은 내 인생에서 최악의 기억이다.
   → It is _____ memory of my life.

5. 나에게는 크리스마스가 가장 행복한 날이다.
   → Christmas is _____ day for me.

🔍 health 건강   mine 내 것   actor 배우   artist 화가, 예술가   grandmother 할머니
climate change 기후 변화   memory 기억, 추억   life 삶, 인생

A 우리말 뜻을 참고하여 틀린 부분을 바르게 고쳐 문장을 다시 쓰세요.

1. A whale is biggest animal in the sea. 고래는 바다에서 가장 큰 동물이다.
→ _____

2. Jimin comes to school the earlier in his class. 지민이는 그의 반에서 가장 일찍 학교에 온다.
→ _____

3. Math is the difficultest subject to me. 수학은 나에게 가장 어려운 과목이다.
→ _____

4. Chris plays soccer the most hard on the team. 크리스는 그 팀에서 축구를 제일 열심히 한다.
→ _____

5. Ms. Kim is a kindest teacher in this school. 김 선생님은 이 학교에서 가장 친절한 선생님이다.
→ _____

B 주어진 단어들을 바르게 배열하여 우리말과 같은 뜻이 되도록 문장을 완성하세요.

1. 그것은 그해의 최고의 영화였다. (it / of the year / was / movie / the best / .)
→ _____

2. 건강이 인생에서 가장 중요하다. (health / in life / is / the most important / .)
→ _____

3. 1월이 일 년 중 가장 추운 달이다. (is / of the year / January / month / the coldest / .)
→ _____

4. 닉은 그 반에서 가장 힘이 센 아이다. (is / in the class / child / Nick / the strongest / .)
→ _____

5. 우리 엄마가 우리 가족 중에서 가장 일찍 일어나신다.
(gets up / in my family / my mom / the earliest / .)
→ _____

C 보기 속 형용사들의 알맞은 형태와 적절한 명사를 빈칸에 넣어 세계 최고에 대한 글을 완성하세요.

The Best in the World

보기

cold

large

tall

The Pacific Ocean is _____ _____ ocean of the world's five oceans. _____ _____ is the highest mountain in the world. It is part of the Himalayas. Antarctica is _____ _____ of Earth's continents. The average winter temperature there is minus 80 degrees Celsius. The Burj Khalifa is _____ _____ building in the world as of 2022. It is in Dubai, the United Arab Emirates.

D 보기의 형용사들을 알맞은 형태로 빈칸에 넣어 동물 챔피언들에 대한 글을 완성하세요.

보기   fast   large   slow   smart

Animal Champions

Cheetahs are _____ _____ animal in the world.	Chimpanzees are _____ _____ animal in the world.
The three-toed sloths are _____ _____ animal in the world.	African Bush Elephants are _____ _____ land animal.

🔍 the Pacific Ocean 태평양   ocean 대양, 넓은 바다   part 일부, 부분   Antarctica 남극 대륙   continent 대륙
average 평균의; 평균   temperature 온도, 기온   degree 도, 정도   Celsius 섭씨   as of ~ 현재   cheetah 치타
chimpanzee 침팬지   three-toed sloth 세발가락 나무늘보   African bush elephant 아프리카 코끼리

1-2 다음 중 비교급의 형태가 <u>잘못된</u> 것을 고르세요.

1
① kind - kinder
② pretty - prettier
③ good - better
④ important - importanter
⑤ easy - easier

2
① big - biger
② high - higher
③ fast - faster
④ slowly - more slowly
⑤ quietly - more quietly

3-4 다음 중 최상급의 형태가 <u>잘못된</u> 것을 고르세요.

3
① small - smallest
② large - largest
③ sweet - sweetest
④ funny - funniest
⑤ bad - best

4
① long - longest
② hot - hotest
③ wide - widest
④ famous - most famous
⑤ exciting - most exciting

* wide 넓은

5-6 빈칸에 들어갈 말로 알맞은 것을 고르세요.

5

| She is _____ girl in the class. |

① tall
② the tallest
③ most tall
④ taller
⑤ the most tall

6

| February is _____ January and March. |

① short in
② shorter in
③ the shortest
④ shorter than
⑤ shortest than

7-8 빈칸에 들어갈 수 <u>없는</u> 것을 고르세요.

7

| He is the _____ player on our soccer club. |

① tallest
② smarter
③ fastest
④ shortest
⑤ most popular

8

> Ben is more _____
> than me.

① handsome   ② famous
③ popular   ④ active
⑤ funnier

* active 활동적인, 적극적인

9-10 우리말과 같은 뜻이 되도록 빈칸에 들어갈 말로 알맞은 것을 고르세요.

9

> 에베레스트산은 K2보다 높다.
> Mt. Everest is _____
> than K2.

① high   ② higher
③ highest   ④ the higher
⑤ the highest

10

> 그 여성은 세계에서 가장 유명한 발레리나다.
> The woman is _____
> ballerina in the world.

① famous
② more famous
③ most famous
④ the more famous
⑤ the most famous

* ballerina 발레리나

11-12 우리말을 영어로 바르게 옮긴 것을 고르세요.

11

> 칠레는 세계에서 가장 긴 나라다.

① Chile is longest country in the world.
② Chile is the longer country in the world.
③ Chile is longer than country in the world.
④ Chile is the longest country in the world.
⑤ Chile is the most longest country in the world.

12

> 그는 그의 동생보다 일찍 일어난다.

① He gets up early than his brother.
② He gets up more early than his brother.
③ He gets up earlier than his brother.
④ He gets up earliest than his brother.
⑤ He gets up the earlier than his brother.

13 빈칸에 들어갈 말이 바르게 짝지어진 것을 고르세요.

> • This movie is _____ interesting than that movie.
> • It is _____ tallest building in this city.

① more - the　② the - the
③ most - a　④ more - most
⑤ the - more

14 다음 중 틀린 문장을 고르세요.

① I have more books than Tommy.
② My bag is bigger than yours.
③ He ran the fastest in his class.
④ The tennis ball is small than the soccer ball.
⑤ Emily is the youngest of the three.

15-16 밑줄 친 부분을 바르게 고친 것을 고르세요.

15

> New York is a̲ biggest city in the U.S.

① no　② an　③ the
④ than　⑤ to

16

> It is warmer today i̲n̲ yesterday.

① on　② by　③ from
④ than　⑤ that

17 다음 문장을 바르게 고치는 방법으로 알맞은 것을 고르세요.

> This balloon is the bigger than that balloon.

① the bigger를 the biggest로 고친다.
② the bigger를 bigger로 고친다.
③ than을 in으로 고친다.
④ This balloon을 These balloon으로 고친다.
⑤ that balloon을 those balloon으로 고친다.

18 보기와 같은 관계가 되도록 빈칸에 알맞은 단어를 쓰세요.

> long - longer - longest

(1) good - _____ - _____

(2) interesting - _____ - _____

19 빈칸에 알맞은 단어를 써 넣어 문장을 완성하세요.

✏️ $1.5   🖊️ $2

→ The pen ＿＿＿＿＿ ＿＿＿＿＿
expensive ＿＿＿＿＿ the
pencil.

20-21 우리말 뜻에 맞도록 틀린 부분을 바르게 고쳐 문장을 다시 쓰세요.

20

This work is importanter than that work.

이 일이 그 일보다 더 중요하다.

→ ＿＿＿＿＿＿＿＿＿＿＿

＿＿＿＿＿＿＿＿＿＿＿

21

This is prettiest flower in the garden.

이것은 그 정원에서 가장 예쁜 꽃이다.

→ ＿＿＿＿＿＿＿＿＿＿＿

＿＿＿＿＿＿＿＿＿＿＿

22-23 우리말과 같은 뜻이 되도록 빈칸에 알맞은 말을 써 넣어 문장을 완성하세요.

22

그녀가 수학 시험에서 가장 좋은 점수를 받았다.

→ She got ＿＿＿＿＿ ＿＿＿＿＿
score on the math test.

* **score** 점수

23

그가 나보다 돈이 더 많다.

→ He has ＿＿＿＿＿ ＿＿＿＿＿

＿＿＿＿＿ I do.

24-25 주어진 단어들을 바르게 배열하여 우리말과 같은 뜻이 되도록 문장을 완성하세요.

24

이 노래가 그 노래보다 더 좋다.

(this song / than / that song / better / is / .)

→ ＿＿＿＿＿＿＿＿＿＿＿

＿＿＿＿＿＿＿＿＿＿＿

25

그는 한국에서 가장 유명한 축구 선수다.

(famous / in Korea / he / is / the most / soccer player / .)

→ ＿＿＿＿＿＿＿＿＿＿＿

＿＿＿＿＿＿＿＿＿＿＿

앞에서 배운 단어를 한 번 더 확인하고 어렵거나 모르는 단어는 다시 공부하세요.

☐ active	활동적인, 적극적인	☐ actor	배우
☐ age	나이	☐ airplane	비행기
☐ artist	화가, 예술가	☐ beautiful	아름다운
☐ bright	밝은	☐ candle	양초
☐ cheap	값싼	☐ continent	대륙
☐ difficult	어려운	☐ Earth	지구
☐ expensive	비싼	☐ health	건강
☐ height	키, 높이	☐ important	중요한
☐ Jupiter	목성	☐ light	가벼운
☐ low	낮은	☐ memory	기억, 추억
☐ Mercury	수성	☐ ocean	대양, 넓은 바다
☐ popular	인기 있는	☐ problem	문제
☐ quickly	빨리	☐ same	같은, 동일한
☐ science	과학	☐ slow	느린
☐ strong	힘이 센, 튼튼한	☐ subject	과목
☐ temperature	온도, 기온	☐ thick	두꺼운
☐ watermelon	수박	☐ weight	무게, 몸무게
☐ wide	넓은	☐ world	세계

CHAPTER 4
다양한 문장

상대방에게 어떤 행동을 하라고 지시할 때 쓰는 명령문과 어떤 행동을 하자고 제안할 때 쓰는 제안문에 대해 배워요.
문장과 문장을 접속사로 연결하여 하나의 문장으로 만들 수 있어요. 다양한 접속사에 대해 배워요.

UNIT 1 명령문과 제안문

❶ 명령문

명령문은 '~**해라**'라고 상대방에게 어떤 행동을 하라고 지시할 때 쓰는 문장이에요. 명령문은 주어 없이 항상 동사원형으로 시작해요. '~**하지 마라**'라는 부정 명령문은 주어 없이 Do not(= Don't) 뒤에 동사원형을 써서 〈Do not(=Don't) + 동사원형 ~.〉으로 써요.

긍정 명령문 (~해라)

Open the door. 문을 열어라.

Turn on the light. 불을 켜라.

Be quiet. 조용히 해라.

부정 명령문 (~하지 마라)

Don't open the door. 문을 열지 마라.

Don't turn on the light. 불을 켜지 마라.

Don't be late. 늦지 마라.

> 명령문의 앞이나 뒤에 please를 쓰면 공손한 표현이 돼요.
> Please be quiet. 조용히 하세요.
> Turn on the light, please. 불 좀 켜주세요.
> Please don't be late. 늦지 마세요.

❷ 제안문

제안문은 '~**하자, ~합시다**'라고 어떤 행동을 제안하거나 권유하는 문장으로, Let's로 시작해요. Let's 뒤에는 동사원형을 써서 〈Let's + 동사원형.〉으로 써요.
부정문인 '~하지 말자, ~하지 맙시다'는 〈Let's not+동사원형 ~.〉으로 써요.

긍정 제안문 (~하자, ~합시다, ~해요)

Let's take a walk after lunch. 점심 먹고 산책하자.

Let's go to the movies this weekend. 이번 주말에 영화 보러 갑시다.

부정 제안문 (~하지 말자, ~하지 맙시다)

Let's not talk about it. 그 이야기는 하지 말자.

Let's not eat out this evening. 오늘 저녁에는 외식하지 맙시다.

> **긍정 대답**
> Okay. 그래. Good. 좋아. Sure. 그래.
> That sounds good. 그거 좋네.
> That's a good idea. 그거 좋은 생각이네.
> **부정 대답**
> I'm sorry, but I can't.
> (= Sorry, I can't.) 미안하지만 안 돼.

A 각 문장이 명령문인지 제안문인지 골라 √ 표시 하세요.

1. Open your book. ☐ 명령문 ☐ 제안문
2. Let's go on a picnic this Saturday. ☐ 명령문 ☐ 제안문
3. Don't eat too much fast food. ☐ 명령문 ☐ 제안문
4. Let's play badminton. ☐ 명령문 ☐ 제안문
5. Close the door, please. ☐ 명령문 ☐ 제안문

B 그림을 보고 괄호 안에서 알맞은 것을 고르세요.

① ② ③ ④

1. Please (be / don't be) quiet.

2. (Pick / Don't pick) the flowers.

3. (Turn / Don't turn) on the light.

4. (Play / Don't play) mobile games.

C 우리말과 같은 뜻이 되도록 알맞은 표현을 골라 √ 표시 하세요.

1. 음악에 맞춰 춤추자.
☐ Let's dance to the music.
☐ Don't dance to the music.

2. 그건 사지 마라.
☐ Let's not buy it.
☐ Don't buy it.

3. 내일 캠핑 가자.
☐ Let's go camping tomorrow.
☐ Don't go camping tomorrow.

4. 저녁으로 피자 먹지 마라.
☐ Don't eat pizza for dinner.
☐ Let's not eat pizza for dinner.

A 각 그림의 상황에 알맞은 명령문을 보기에서 찾아 빈칸에 해당하는 알파벳을 쓰세요.

보기
ⓐ Don't run on the escalator.
ⓑ Wash your hands before lunch.
ⓒ Don't eat in the library.
ⓓ Clean your room.

1. ⬜   2. ⬜   3. ⬜   4. ⬜

B 우리말과 같은 뜻이 되도록 괄호 안에서 알맞은 표현을 고르세요.

1. 늦게 자지 말자.

(Let's / Let's not) go to bed late.

2. 점심으로 파스타 먹자.

(Let's / Let's not) eat pasta for lunch.

3. 우리 집에서 PC 게임 하자.

(Let's play / Let's plays) PC games at my home.

4. 교실에서 떠들지 말자.

(Don't let's / Let's not) make noise in the classroom.

5. 이번 주말에 소풍 가자.

(Let go / Let's go) on a picnic this weekend.

6. 다시 한 번 해보자.

(Let's try / Let's trying) again.

C 긍정문은 부정문으로, 부정문은 긍정문으로 바꿀 때 빈칸에 알맞은 말을 쓰세요.

1. **Turn up the volume.** 볼륨을 높여라.

   → ＿＿＿＿＿＿＿＿＿＿ the volume. 볼륨을 높이지 마라.

2. **Don't open the box, please.** 그 상자를 열지 마세요.

   → ＿＿＿＿＿＿＿＿＿＿ the box, please. 그 상자를 여세요.

3. **Take pictures here.** 여기서 사진을 찍어라.

   → ＿＿＿＿＿＿＿＿＿＿ pictures here. 여기서 사진을 찍지 마라.

4. **Let's go out this afternoon.** 오늘 오후에 외출하자.

   → ＿＿＿＿＿＿＿＿＿＿ out this afternoon. 오늘 오후에 외출하지 말자.

5. **Let's not drink hot chocolate.** 핫초콜릿 마시지 말자.

   → ＿＿＿＿＿＿＿＿＿＿ hot chocolate. 핫초콜릿 마시자.

D 그림을 보고 주어진 동사를 사용하여 명령문이나 제안문을 완성하세요.

1.

   read, 명령문

   긍정문 ＿＿＿＿＿＿＿＿ the book.

   부정문 ＿＿＿＿＿＿＿＿ the magazine.

2.

   play, 제안문

   긍정문 ＿＿＿＿＿＿＿＿ baseball.

   부정문 ＿＿＿＿＿＿＿＿ soccer.

3.

   sit, 명령문

   긍정문 ＿＿＿＿＿＿＿＿ on the chair.

   부정문 ＿＿＿＿＿＿＿＿ on the desk.

4.

   eat, 제안문

   긍정문 ＿＿＿＿＿＿＿＿ an apple.

   부정문 ＿＿＿＿＿＿＿＿ ice cream.

A 우리말 뜻을 참고하여 틀린 부분을 바르게 고쳐 문장을 다시 쓰세요.

1. Helps the old lady, please. 저 할머니 좀 도와주세요.

→ _____

2. Let's going to the movies with me. 나랑 같이 영화 보러 가자.

→ _____

3. Not play the piano at night. 밤에 피아노 치지 마라.

→ _____

4. Don't let's go to his house today. 오늘 그의 집에 가지 말자.

→ _____

5. Be not rude to others. 다른 사람들에게 무례하게 하지 마라.

→ _____

B 주어진 단어들을 바르게 배열하여 우리말과 같은 뜻이 되도록 문장을 완성하세요.

1. 일곱 시에 나한테 전화해. (me / at 7 o'clock / call / .)

→ _____

2. 내 스마트폰에 손대지 마세요. (please / touch / my smartphone / don't / .)

→ _____

3. 설탕을 너무 많이 먹지 마라. (don't / sugar / eat / too much / .)

→ _____

4. 그 TV 프로그램 함께 보자. (together / let's / the TV show / watch / .)

→ _____

5. 비 오는 날에는 밖에 나가지 말자. (go out / not / on a rainy day / let's / .)

→ _____

🔍 rude 무례한   others 다른 사람들   touch 손대다, 만지다   together 함께

C 극장 에티켓 안내문을 보고 보기의 동사들을 사용하여 긍정/부정 명령문을 완성하세요.

Theater Etiquette

1. _____ at the theater on time.

2. _____ the restroom before the movie begins.

3. _____ off your cell phone.

4. _____ during the movie.

5. _____ the chair in front of you.

D 보기의 동사들로 명령문이나 제안문을 만들어 두 친구의 대화를 완성하세요.

보기   meet   be   go   watch

Carrie, _____ _____ hiking together this Saturday.

I don't like hiking.

Oh, really? Then... do you like movies? _____ _____ a movie.

Okay! I like movies.

Good! _____ _____ at the Luna Theater at 11 a.m.

Okay. See you then. _____ _____ late.

1 and, but, or

접속사로 문장과 문장을 이어줄 수 있어요. 서로 비슷한 내용을 연결할 때는 and(그리고, ~하고), 서로 반대되는 내용을 연결할 때는 but(그러나, 하지만), 둘 이상 중 하나를 선택해야 할 때는 or(또는, 아니면, ~하거나)를 써요.

> 접속사는 단어와 단어, 구와 구, 문장과 문장을 이어주는 역할을 해요.

Jin lives in Seoul, and Jimin lives in Busan.
진은 서울에 살고 지민이는 부산에 산다.

I am hungry now, but she is not.
나는 지금 배가 고프지만 그녀는 배가 고프지 않다.

We will watch a movie, or we will go hiking.
우리는 영화를 보거나 등산을 갈 것이다.

> ※ 접속사 and, but, or는 단어와 단어, 구와 구도 이어줄 수 있어요.
>
> I like cats and dogs. (단어와 단어 연결)
> She goes to work by bus or by subway.
> (구와 구 연결)

2 때를 나타내는 접속사 when, before, after

when은 '~할 때', before는 '~하기 전에', after는 '~하고 나서, ~한 후에'라는 뜻의 접속사예요.

When I lived in New York, I often met him.
뉴욕에 살 때 나는 그를 자주 만났다.

James puts on an apron before he cooks.
제임스는 요리를 하기 전에 앞치마를 두른다.

I take a shower after I play soccer.
나는 축구를 하고 나서 샤워를 한다.

and	그리고, ~하고
but	그러나, ~하지만
or	또는, 아니면, ~하거나
when	~할 때
before	~하기 전에
after	~하고 나서, ~한 후에
so	그래서, ~해서
because	~하기 때문에, ~해서

before와 after가 전치사로 쓰일 때는 뒤에 명사나 대명사가 와요.
I play soccer after school.
She brushes her teeth before bed.

3 원인과 결과를 나타내는 접속사 so, because

so와 because는 원인과 결과를 나타내는 접속사예요. so는 '그래서, ~해서'라는 뜻으로, 앞의 문장이 원인이고 뒤에 나오는 문장이 결과예요. because는 그 반대로 '~하기 때문에, ~해서'라는 뜻으로, 앞의 문장이 결과이고 because가 이끄는 절이 원인이에요.

I was sleepy, so I went to bed early. 나는 졸려서 일찍 잠자리에 들었다.
　　　원인　　　　　　　　　결과

Olivia likes winter because she can go skiing. 올리비아는 스키를 탈 수 있기 때문에 겨울을 좋아한다.
　　　결과　　　　　　　　　　　원인

A 각 문장에서 접속사에 동그라미 하세요.

1. She likes strawberries and grapes. 그녀는 딸기와 포도를 좋아한다.

2. I couldn't meet him because I was busy. 나는 바빠서 그를 만날 수 없었다.

3. It was cold, so I closed the window. 날씨가 추워서 나는 창문을 닫았다.

4. I woke up when my phone rang. 전화가 울렸을 때 나는 잠에서 깼다.

5. Will you eat out or will you cook something? 너는 외식할 거니 아니면 뭔가 요리할 거니?

B 그림을 보고 괄호 안에서 알맞은 접속사를 고르세요.

1. Jimmy is tall, (or / but) Sue is short.

2. I am tired (before / because) I worked hard all day.

3. He goes to school (before / after) he has breakfast.

4. I'm reading a book, (and / or) my mom is doing yoga.

C 밑줄 친 접속사의 의미를 고르세요.

1. I listen to music when I study.　　☐ ~하기 전에　☐ ~할 때

2. I write in my diary before I go to bed.　　☐ ~하고 나서　☐ ~하기 전에

3. Tom gets up early, but Mary gets up late.　　☐ ~하지만　☐ ~하거나

4. She likes books, so she reads them every day.　　☐ ~해서　☐ ~하기 때문에

5. He couldn't go to school because he was sick.　　☐ ~하지만　☐ ~하기 때문에

🔍➕ strawberry 딸기　grape 포도　woke up 깼다(wake up의 과거형)　rang 울렸다(ring의 과거형)
something 어떤 것, 무엇인가　tired 피곤한　all day 하루 종일　sick 아픈

A 그림을 보고 보기에서 알맞은 접속사를 골라 한 번씩만 사용하여 문장을 완성하세요.

보기   so   before   because   after

1. Please knock on the door _____ you open it.

2. Angie washes her face _____ she gets up.

3. It was raining, _____ he couldn't play soccer.

4. I am hungry _____ I didn't eat lunch.

B ⓐ, ⓑ의 빈칸에 공통으로 들어갈 수 있는 접속사를 쓰세요.

보기   when   because   but   before

1. ⓐ Many people like her _____ she is very sweet.

   ⓑ I am sleepy _____ I could not sleep last night.

2. ⓐ Jessie was sleeping _____ I called her.

   ⓑ Brian was 12 years old _____ he came to this school.

3. ⓐ Jiyun is good at English, _____ she is poor at math.

   ⓑ I like fried eggs, _____ I don't like boiled eggs.

4. ⓐ She turned off the lights _____ she went out.

   ⓑ The children wash their hands _____ they have lunch.

knock 노크하다   hungry 배고픈   sweet (사람이) 상냥한, 다정한   sleepy 졸린   be good at ~를 잘하다   be poor at ~를 못하다
fried egg 달걀 프라이   boiled egg 삶은 달걀

C 의미가 완전한 문장이 되도록 왼쪽과 오른쪽에서 알맞은 것끼리 연결하세요.

1. Mina likes chocolate milk, •   ⓐ because he was sick.

2. I want to watch the movie, •   ⓑ so she often drinks it.

3. Tom didn't go to school today •   ⓒ or did they go camping?

4. Did they go hiking •   ⓓ and David has a dog, too.

5. Carrie has a dog, •   ⓔ but I don't have time.

D 주어진 두 문장을 하나로 연결할 때 빈칸에 알맞은 접속사를 쓰세요.

1. This movie is funny. That movie is not funny.

  → This movie is funny, _____ that movie is not funny.

2. I got up late this morning. I was late for school.

  → I got up late this morning, _____ I was late for school.

3. I like spring. It is warm and flowers bloom in spring.

  → I like spring _____ it is warm and flowers bloom.

4. Peter finished his homework. Then he played mobile games.

  → Peter played mobile games _____ he finished his homework.

5. She takes a shower. After taking a shower, she goes to bed.

  → She takes a shower _____ she goes to bed.

A 우리말 뜻을 참고하여 틀린 부분을 바르게 고쳐 문장을 다시 쓰세요.

1. I lived in Busan after I was a child. 나는 어렸을 때 부산에 살았다.
→ _____

2. Kevin is in bed today, so he is sick. 케빈은 아파서 오늘 침대에 누워 있다.
→ _____

3. Let's play badminton before we have dinner. 저녁 먹고 나서 배드민턴 치자.
→ _____

4. I like cats, or my mom doesn't like them. 나는 고양이를 좋아하지만 우리 엄마는 안 좋아하신다.
→ _____

5. The book was really interesting because I read it twice.
그 책이 정말 재미있어서 나는 그걸 두 번 읽었다.

→ _____

B 주어진 단어들을 바르게 배열하여 우리말과 같은 뜻이 되도록 문장을 완성하세요.

1. 나는 그 영화가 너무 슬퍼서 울었다. (was so sad / I cried / the movie / because / .)
→ _____

2. 그녀는 돈이 있어서 기차표를 샀다.
(she bought / she had money, / so / a train ticket / .)
→ _____

3. 그는 설거지를 한 후 집 청소를 했다.
(he washed / he cleaned / the house / the dishes / after / .)
→ _____

4. 노라는 영화는 좋아하지만 뮤지컬은 안 좋아한다.
(likes movies, / she / but / doesn't like musicals / Nora / .)
→ _____

5. 너는 집에 있을 거야, 아니면 외출할 거야?
(stay home, / will you / will you / or / go out / ?)
→ _____

C 보기의 접속사들을 빈칸에 넣어 강아지를 사랑하게 된 아빠에 대한 글을 완성하세요.

| 보기 | when(2번 사용) | so | and | because | before |

My Dad Loves Toto

My dad likes dogs, and he loves our dog Toto. But he didn't like dogs _____ he lived with Toto.

_____ I was an elementary school student, I wanted to raise a dog. My dad said no _____ he didn't like dogs.

I kept asking my dad, _____ my family started raising a dog. That dog is Toto.

Toto is a poodle, _____ he is very lovely. He looks cute, and acts cute. My dad fell in love with him.

My dad plays with Toto _____ he comes home. He goes for a walk with him on weekends. He loves Toto so much!

kept 계속 ~했다(keep의 과거형)   ask 부탁하다, 요청하다   poodle 푸들   lovely 사랑스러운   act 행동하다
fall in love with ~와 사랑에 빠지다

1. 빈칸에 들어갈 접속사가 바르게 짝지어진 것을 고르세요.

> - I wash my hands _____ I eat lunch.
> - He goes to bed _____ he brushes his teeth.

① and - but   ② so - because

③ before - after ④ after - before

⑤ before - but

2-3 우리말을 참고하여 빈칸에 들어갈 말로 알맞은 것을 고르세요.

2.

> _____ go to the movies this Saturday.
> 이번 토요일에 영화 보러 가자.

① Let   ② Let's   ③ Do

④ You   ⑤ We

3.

> Please _____ quiet in the museum.
> 박물관 안에서는 조용히 하세요.

① is   ② are   ③ are you

④ being   ⑤ be

4-5 우리말과 같은 뜻이 되도록 빈칸에 알맞은 접속사를 고르세요.

4.

> 내가 집에 왔을 때 엄마는 주방에 계셨다.
> My mom was in the kitchen _____ I came home.

① before   ② when   ③ after

④ so   ⑤ and

5.

> 존은 비 오는 날을 좋아하지만 나는 맑은 날을 좋아한다.
> John likes rainy days, _____ I like sunny days.

① so   ② because   ③ but

④ when   ⑤ after

6. 다음 문장의 우리말 뜻으로 알맞은 것을 고르세요.

> Will you eat bread, or will you eat out?

① 빵을 먹고 외식할래?

② 빵 먹고 나서 외식할래?

③ 빵 먹기 전에 외식할래?

④ 빵 먹으러 나갈래?

⑤ 빵 먹을래 아니면 외식할래?

7-8 각 문장을 지시대로 바르게 바꾼 것을 고르세요.

7

> Turn on the TV. 부정 명령문

① Not turn on the TV.
② You don't turn on the TV.
③ Not turning on the TV.
④ Don't turn on the TV.
⑤ Don't turning on the TV.

8

> Let's watch the TV show together. 부정 제안문

① Don't let's watch the TV show together.
② Not watch the TV show together.
③ Let's don't watch the TV show together.
④ Don't let's not watch the TV show together.
⑤ Let's not watch the TV show together.

9 다음 문장에서 접속사 because가 들어갈 자리를 고르세요.

> ① I like winter ② it snows ③ and ④ I can ski ⑤.

10-11 빈칸에 공통으로 들어갈 말을 고르세요.

10

> • This shirt is pretty _____ expensive.
> • I like summer, _____ my mother hates it.

① but   ② and   ③ or
④ so   ⑤ because

11

> • We will go shopping _____ school.
> • They drank juice _____ they ate lunch.

① when   ② at   ③ to
④ because   ⑤ after

12 빈칸에 들어갈 수 없는 것을 고르세요.

> I took a shower after
> _____.

① I played soccer
② played soccer
③ the soccer game
④ I came home
⑤ dinner

13-14 우리말을 영어로 바르게 옮긴 것을 고르세요.

13

> 거기서 통화하지 마라.

① Talk not on the phone there.
② Let's not talk on the phone there.
③ Don't talk on the phone there.
④ Let's don't talk on the phone there.
⑤ Not to talk on the phone there.

14

> 나는 마음이 울적할 때 걷는다.

① I walk, so I feel down.
② I feel down when I walk.
③ I walk before I feel down.
④ I walk when I feel down.
⑤ I feel down after I walk.

* feel down 마음이 울적하다

15 두 문장이 같은 의미가 되도록 빈칸에 알맞은 단어를 고르세요.

> She was late for school because she got up late.
> = She got up late, _____ she was late for school.

① but   ② when   ③ so
④ after   ⑤ or

16 밑줄 친 when의 쓰임이 나머지와 다른 하나를 고르세요.

① I was happy when I heard the news.
② Call me when you get home.
③ When I went out, it started to rain.
④ When I have time, I watch movies or read webtoons.
⑤ When will you graduate from elementary school?

* package 소포, 택배   webtoon 웹툰

17 밑줄 친 접속사의 쓰임이 어색한 것을 고르세요.

① Chris is kind and handsome.
② He is happy, so he got a gift.
③ I'm tired because I didn't sleep well last night.
④ She was not home when he came.
⑤ I'll read the book after I finish my homework.

* gift 선물

18-19 두 문장을 알맞은 접속사로 연결하여 하나의 문장으로 다시 쓰세요.

18

I am a student. Alice is not a student.

→ _____

19

We can't play baseball. It's raining hard.

→ _____

_____

20-21 우리말 뜻에 맞도록 틀린 부분을 바르게 고쳐 문장을 다시 쓰세요.

20

He can't come here, so he is busy today.

그는 오늘 바빠서 여기 올 수 없다.

→ _____

_____

21

Don't making noise here.

여기서 떠들지 마라.

→ _____

22-23 우리말과 같은 뜻이 되도록 주어진 단어들을 바르게 배열하여 문장을 완성하세요.

22

시간을 낭비하지 마라.

(your time / do / waste / not / .)

→ _____

23

거기 버스 타고 갈 거예요, 아니면 지하철 타고 갈 거예요?

(or / go there / by bus / by subway / will you / ?)

→ _____

_____

24-25 우리말과 같은 뜻이 되도록 빈칸에 알맞은 말을 써 넣어 문장을 완성하세요.

24

오늘 밤에는 외출하지 말자.

→ _____ _____

_____ out tonight.

25

잠자리에 들기 전에 양치질을 해라.

→ _____ your teeth _____

you go to bed.

앞에서 배운 단어를 한 번 더 확인하고 어렵거나 모르는 단어는 다시 공부하세요.

☐ act	행동하다		☐ ask	부탁하다, 요청하다
☐ be good at	~를 잘하다		☐ be poor at	~를 못하다
☐ bloom	꽃이 피다		☐ during	~ 동안에
☐ escalator	에스컬레이터		☐ etiquette	에티켓, 예의
☐ finish	끝내다		☐ hiking	등산
☐ kick	(발로) 차다		☐ knock	노크하다
☐ light	전등, 빛		☐ lovely	사랑스러운
☐ magazine	잡지		☐ make noise	떠들다
☐ musical	뮤지컬		☐ others	다른 사람들
☐ package	소포, 택배		☐ pick	(꽃을) 꺾다
☐ quiet	조용한		☐ restroom	화장실
☐ rude	무례한		☐ sick	아픈
☐ sleepy	졸린		☐ something	어떤 것, 무엇인가
☐ sweet	(사람이) 상냥한, 다정한		☐ theater	극장
☐ tired	피곤한		☐ together	함께
☐ touch	손대다, 만지다		☐ try	해보다, 시도하다
☐ turn off	끄다		☐ turn on	켜다
☐ twice	두 번		☐ use	이용하다, 사용하다

CHAPTER 5

동명사, to부정사

Unit 1. 동명사

Unit 2. to부정사

동사가 명사처럼 문장의 주어나 보어, 동사의 목적어로 쓰이는 것을 동명사라고 해요. 동사에 -ing가 붙은 형태예요.
'to + 동사원형' 형태인 to부정사 역시 주어나 보어, 동사의 목적어로 쓰이고, '~하기 위하여'라는 뜻으로도 쓰여요.

동명사

동명사는 동사에 -ing를 붙인 것으로, 원래 동사였지만 명사처럼 쓰이게 되어서 '동명사'라고 불러요. 명사처럼 문장에서 주어, 보어, 목적어로 쓰여요. '**~하는 것, ~하기**'라고 해석해요.

동사(~하다)	동명사(~하는 것)
walk 걷다	walking 걷는 것
live 살다	living 사는 것
do 하다	doing 하는 것
be ~이다	being ~인 것

① 주어 역할

동명사는 명사처럼 문장의 주어로 쓰일 수 있어요. 단수로 취급해요.

Getting up early <u>is</u> hard. 일찍 일어나는 것은 어렵다.
Watching movies **is** fun. 영화를 보는 것은 재미있다.

➤ 동명사 주어는 단수 취급하므로 be동사는 is를 써요.

② 보어 역할

동명사는 be동사 뒤에 와서 보어로 쓰여요.

My hobby is **solving** puzzles. 내 취미는 퍼즐을 푸는 것이다.
His problem is **lying** often. 그의 문제는 거짓말을 자주 하는 것이다.

③ 목적어 역할

동명사는 동사의 목적어로도 쓰여요. 다음과 같은 동사 뒤에 목적어로 동명사가 와요.

enjoy + 동명사	~하는 것을 즐기다	**give up** + 동명사	~하는 것을 그만두다, 포기하다
stop + 동명사	~하는 것을 멈추다	**like/love** + 동명사	~하는 것을 좋아하다
finish + 동명사	~하는 것을 끝내다	**begin/start** + 동명사	~하는 것을[~하기] 시작하다
keep + 동명사	계속해서 ~하다		

I <u>enjoy</u> **listening** to rock music. 나는 록 음악 듣는 것을 즐긴다.
They <u>stopped</u> **talking** when the teacher came. 그들은 선생님이 오셨을 때 이야기하는 것을 멈추었다.
He <u>finished</u> **cleaning** his bedroom. 그는 침실 청소하는 것을 끝냈다.
She <u>kept</u> **watching** TV for five hours. 그녀는 다섯 시간 동안 계속 TV를 보았다. (보기를 계속했다)
I won't <u>give up</u> **learning** Spanish. 나는 스페인어 배우는 것을 포기하지 않을 것이다.
She <u>likes</u> **reading** mystery books. 그녀는 추리소설 읽는 것을 좋아한다.

A 각 문장에서 동명사에 동그라미 하세요.

1. David's hobby is making model airplanes. 데이비드의 취미는 모형 비행기를 만드는 것이다.

2. Diana likes watching horror movies. 다이애나는 공포영화 보는 것을 좋아한다.

3. Working out every day is not easy. 매일 운동하는 것은 쉽지 않다.

4. They enjoy hiking every Saturday. 그들은 매주 토요일에 등산 가는 것을 즐긴다.

5. He finished doing his homework at 7 p.m. 그는 오후 7시에 숙제하는 것을 끝냈다.

B 그림을 참고하여 동사의 알맞은 형태를 고르세요.

1. (Eat / Eating) too much junk food is not good.

2. I enjoy (cook / cooking) when I have time.

3. Her job is (treats / treating) sick people.

4. The boy kept (playing / plays) with a ball for an hour.

C 밑줄 친 단어가 동명사인 것에는 ○, 아닌 것에는 ✕ 표시를 하세요.

1. He likes <u>reading</u> history books. ☐

2. She is <u>reading</u> a comic book now. ☐

3. We enjoyed <u>riding</u> the roller coaster. ☐

4. I am <u>riding</u> a horse. ☐

5. They finished <u>doing</u> the work. ☐

✵TIP
· 동명사 : '~하는 것, ~하기'로 해석돼요.
· 현재진행형의 -ing형 : be동사와 함께 쓰이고 '~하고 있다'로 해석돼요.

⊕ model 모형 horror movie 공포 영화 junk food 정크 푸드 treat 치료하다 history 역사
comic book 만화책 horse 말

A 괄호 안에서 알맞은 것을 고르세요.

1. (Use / Using) a tablet PC is not difficult.

   태블릿 PC를 사용하는 것은 어렵지 않다.

2. Anne likes (plays / playing) with her teddy bear.

   앤은 자기 곰 인형을 가지고 노는 것을 좋아한다.

3. He kept (thinking / thought) about the girl.

   그는 그 여자아이에 대해 계속 생각했다.

4. My sister's hobby is (draw / drawing) pictures.

   내 여동생의 취미는 그림을 그리는 것이다.

5. He began (learned / learning) Chinese last year.

   그는 작년에 중국어를 배우기 시작했다.

6. (Study / Studying) science all day is boring.

   하루 종일 과학을 공부하는 것은 지루하다.

B 그림을 참고하여 주어진 동사의 알맞은 형태를 빈칸에 쓰세요.

1. We enjoyed _____ kites there. (fly)

2. Did you finish _____ the book? (read)

3. The baby stopped _____ when she saw her mother. (cry)

4. I gave up _____ the violin. (learn)

5. She kept _____ for her child at the bus stop. (wait)

⊕ tablet PC 태블릿 PC   think 생각하다   boring 지루한   fly 날리다, 날다   kite 연

C 밑줄 친 것이 동명사인지 현재진행형의 -ing형인지 구분해서 알맞은 곳에 √ 표시 하세요.

1. His job is <u>cleaning</u> the building.

⬜ 동명사   ⬜ 현재진행형의 -ing형

2. The girl is <u>dancing</u> to the music.

⬜ 동명사   ⬜ 현재진행형의 -ing형

3. Her problem is <u>talking</u> too much.

⬜ 동명사   ⬜ 현재진행형의 -ing형

4. They are <u>traveling</u> in South America.

⬜ 동명사   ⬜ 현재진행형의 -ing형

5. My hobby is <u>taking</u> pictures.

⬜ 동명사   ⬜ 현재진행형의 -ing형

D 우리말과 같은 뜻이 되도록 보기에서 알맞은 단어를 골라 올바른 형태로 빈칸에 쓰세요.

보기	exercise draw grow write live

1. 외국에 사는 것은 쉽지 않다.

→ _____ in a foreign country is not easy.

2. 나는 이메일 쓰는 것을 끝냈다.

→ I finished _____ an email.

3. 그녀는 그림 그리던 것을 멈추었다.

→ She stopped _____ a picture.

4. 규칙적으로 운동하는 것은 건강에 좋다.

→ _____ regularly is good for your health.

5. 우리 엄마의 취미는 식물을 기르는 것이다.

→ My mom's hobby is _____ plants.

South America 남아메리카   foreign 외국의   foreign country 외국   regularly 규칙적으로
grow 기르다   plant 식물

A 우리말 뜻을 참고하여 틀린 부분을 바르게 고쳐 문장을 다시 쓰세요.

1. He gave up write poems. 그는 시를 쓰는 것을 포기했다.

→ _____

2. I kept think about the problem. 나는 그 문제에 대해 계속 생각했다.

→ _____

3. Reading novels are my favorite hobby. 소설을 읽는 것은 내가 특히 좋아하는 취미다.

→ _____

4. We stopped talk when the bell rang. 벨이 울렸을 때 우리는 이야기를 멈추었다.

→ _____

5. Many people enjoy watch YouTube videos. 많은 사람들이 유튜브 영상 보는 것을 즐긴다.

→ _____

B 주어진 단어들을 바르게 배열하여 우리말과 같은 뜻이 되도록 문장을 완성하세요.

1. 나는 지도 보는 것을 좋아한다. (I / maps / like / looking at / .)

→ _____

2. 우리는 보드게임 하는 것을 즐긴다. (board games / enjoy / we / playing / .)

→ _____

3. 그녀는 한 시간 넘게 계속 걸었다. (kept / for over an hour / she / walking / .)

→ _____

4. 그는 나무와 꽃에 물을 주는 일을 끝냈다.

(watering / he / finished / the trees and flowers / .)

→ _____

5. 젓가락을 사용하는 것은 아이들에게 쉽지 않다.

(for children / is not / using chopsticks / easy / .)

→ _____

map 지도 board game 보드게임 water (화초 등에) 물을 주다 chopstick 젓가락

C 보기의 동사들을 알맞은 형태로 빈칸에 넣어 취미에 대한 글을 완성하세요.

보기   do   go   paint   read

My Hobbies

I have some hobbies. I like reading books very much.

I enjoy _____ novels and comic books. _____

to the library is fun, too. I can do many things there.

_____ pictures is one of my hobbies, too. I love

painting animals. I usually paint pictures after I finish

_____ my homework.

D 보기의 동사들을 알맞은 형태로 빈칸에 넣어 바다에 사는 어떤 새에 대한 글을 완성하세요.

보기   eat   fly   sleep   swim

Who am I?

I am a bird.

I have wings, but _____ is difficult for me.

I enjoy _____ in the sea.

I spend most of my life in the sea.

I like _____ fish, shrimps, and squids.

I don't like _____ for many hours at night.

I take short naps.

Who am I?

You're right! I'm a penguin.

UNIT 2 to부정사

to부정사

to부정사는 'to + 동사원형'의 형태로, 문장에서 다양한 역할을 해요. 명사처럼 주어, 보어, 목적어로 쓰이고, '~하기 위하여'라는 뜻도 나타내요.

> **to부정사 : to + 동사원형**
> 1) 명사 역할을 할 때(주어, 보어, 목적어) : ~하는 것, ~하기
> 2) 목적의 의미일 때 : ~하기 위하여, ~하려고, ~하러

① 명사처럼 쓰이는 to부정사

to부정사는 '~하는 것, ~하기'라는 의미로, 명사처럼 문장에서 주어, 보어, 목적어로 쓰여요.

주어 **To eat** regularly is important. 규칙적으로 식사하는 것이 중요하다.

보어 His dream is **to become** a scientist. 그의 꿈은 과학자가 되는 것이다.

목적어 She learned **to ride** a bike from her dad. 그녀는 아빠에게 자전거 타는 법을 배웠다.

⊙ 뒤에 to부정사가 목적어로 오는 동사들

want + to부정사	~할 것을 원하다	**plan** + to부정사	~할 것을 계획하다
hope/wish + to부정사	~할 것을 바라다, 소망하다	**like/love** + to부정사	~하는 것을 좋아하다
learn + to부정사	~하는 것을 배우다	**begin/start** + to부정사	~하는 것을[~하기] 시작하다
decide + to부정사	~할 것을[~하기로] 결정하다		

> like, love, begin, start 뒤에는 동명사나 to부정사 둘 다 올 수 있어요.

They hope **to meet** Mr. Kim again. 그들은 김 선생님을 다시 만나기를 바란다.

She decided **to move** to the city. 그녀는 그 도시로 이사하기로 결정했다.

We planned **to go** camping this weekend. 우리는 이번 주말에 캠핑 갈 계획을 세웠다.

He likes **to play** basketball. (= playing) 그는 농구 하는 것을 좋아한다.

They began **to sing** the song. (= singing) 그들은 그 노래를 부르기 시작했다.

② 목적을 나타내는 to부정사

to부정사는 '~하기 위하여, ~하려고, ~하러'라는 목적의 의미로 쓰이기도 해요.
그 반대 의미인 부정형 '~하지 않기 위하여, ~하지 않으려고'는 to부정사 앞에 not을 써요.

I went to the library **to borrow** the book. 나는 그 책을 빌리러 도서관에 갔다.

She came to Korea **to see** their concert. 그녀는 그들의 콘서트를 보기 위해 한국에 왔다.

He studied hard **not to fail** the test. 그는 시험에 떨어지지 않기 위해서 열심히 공부했다.

100

A 각 문장에서 to부정사에 동그라미 하세요.

1. I got up early this morning to go swimming. 나는 오늘 아침에 수영을 하러 가려고 일찍 일어났다.

2. Their hope was to return to their country. 그들의 소망은 그들의 나라로 돌아가는 것이었다.

3. He hopes to become a lawyer in the future. 그는 미래에 변호사가 되기를 소망한다.

4. She decided to study English in the U.S. 그녀는 미국에서 영어를 공부하기로 결심했다.

B 그림을 참고하여 둘 중 알맞은 문장을 고르세요.

1.
☐ I want go on a trip to France.
☐ I want to go on a trip to France.

2.
☐ She went to the flower shop to buy some roses.
☐ She went to the flower shop buying some roses.

3.
☐ I love drink hot chocolate in the winter.
☐ I love to drink hot chocolate in the winter.

C 밑줄 친 부분의 의미로 알맞은 것을 골라 √ 표시 하세요.

1. They decided to buy a sofa.　☐ 살 것을　☐ 사기 위하여

2. She wants to become a musician.　☐ 될 것을　☐ 되기 위하여

3. I planned to lose 10 kilograms.　☐ 감량할 것을　☐ 감량하기 위하여

4. He studied hard to pass the test.　☐ 통과할 것을　☐ 통과하기 위하여

5. I went to school to meet my friend.　☐ 만날 것을　☐ 만나기 위하여

hope 희망, 소망, 바람; 바라다, 희망하다　return 돌아오다　become ~이 되다　lawyer 변호사　future 미래; 미래의
go on a trip 여행을 가다　rose 장미　sofa 소파　musician 음악가　lose 잃다, 잃어버리다

A 우리말 뜻을 참고하여 보기의 동사 중 알맞은 것을 사용해 to부정사 문장을 완성하세요.

1. He likes _____ to rock music.

   그는 록 음악을 듣는 것을 좋아한다.

2. His dream is _____ a doctor.

   그의 꿈은 의사가 되는 것이다.

3. We went to the park _____ a walk.

   우리는 산책하기 위해서 공원에 갔다.

4. My wish is _____ a novelist.

   내 소망은 소설가가 되는 것이다.

5. Cindy went to the cafe _____ David.

   신디는 데이비드를 만나기 위해서 카페에 갔다.

보기

become
(2번 사용)

listen

meet

take

B 괄호 안에서 알맞은 것을 고르세요.

1. ⓐ Sally (travels / to travel) often.

   ⓑ Sally wants (traveling / to travel) to Korea.

2. ⓐ Eddie (eats / to eat) breakfast every day.

   ⓑ Eddie went to the restaurant (eating / to eat) breakfast.

3. ⓐ Tommy (studies / to study) in the library.

   ⓑ Tommy plans (studying / to study) history in college.

4. ⓐ The man (becoming / became) a designer.

   ⓑ His dream is (became / to become) a designer.

5. ⓐ They (moving / moved) to the city last year.

   ⓑ They decided (to move / moving) to the country.

rock music 록 음악   doctor 의사   wish 소망, 희망, 바람; 바라다, 희망하다   novelist 소설가   restaurant 식당   college 대학(교)
designer 디자이너

C 우리말과 같은 뜻이 되도록 주어진 두 동사를 사용하여 문장을 완성하세요.

1. 나의 조카는 노래하는 것을 좋아한다. (like, sing)

   → My niece _____.

   ✾TIP like, love, begin, start 뒤에는 to부정사와 동명사가 모두 올 수 있어요.

2. 나는 욕실 청소를 끝냈다. (finish, clean)

   → I _____ the bathroom.

3. 그녀는 외국인 친구를 사귀고 싶어한다. (hope, make)

   → She _____ a foreign friend.

4. 나는 너와 함께 놀이공원에 가고 싶다. (want, go)

   → I _____ to the amusement park with you.

5. 나는 어젯밤에 소설을 한 편 재미있게 읽었다. (enjoy, read)

   → I _____ a novel last night.

6. 우리는 이번 주말에 영화를 한 편 볼 계획을 했다. (plan, watch)

   → We _____ a movie this weekend.

7. 그는 두 시간 동안 계속 그 여행 이야기를 했다. (keep, talk)

   → He _____ about the trip for two hours.

8. 그는 태권도를 배우기로 결심했다. (decide, learn)

   → He _____ Taekwondo.

9. 그녀는 작년에 햄스터를 한 마리 기르기 시작했다. (begin, raise)

   → She _____ a hamster last year.

10. 나는 중학생 때 수영하는 법을 배웠다. (learn, swim)

    → I _____ when I was in middle school.

niece (여자) 조카 bathroom 욕실 Taekwondo 태권도 hamster 햄스터

A 우리말 뜻을 참고하여 틀린 부분을 바르게 고쳐 문장을 다시 쓰세요.

1. I hope being a vet. 나는 수의사가 되고 싶다.

→ _____

2. His job is fix cars. 그의 직업은 자동차를 고치는 것이다.

→ _____

3. The kids went back home have dinner. 아이들은 저녁을 먹기 위해서 집으로 돌아갔다.

→ _____

4. They planned going on vacation next week. 그들은 다음 주에 휴가를 가기로 계획했다.

→ _____

5. She went to Canada learning English. 그녀는 영어를 배우러 캐나다에 갔다.

→ _____

B 주어진 단어들을 바르게 배열하여 우리말과 같은 뜻이 되도록 문장을 완성하세요.

1. 나는 하와이로 여행을 가고 싶다. (travel / want to / to Hawaii / I / .)

→ _____

2. 그녀의 소망은 건강해지는 것이다. (healthy / her wish / to become / is / .)

→ _____

3. 그는 축구 경기 보는 것을 좋아한다. (he / soccer games / to watch / likes / .)

→ _____

4. 브라이언은 파란색 셔츠를 입기로 결정했다. (Brian / to wear / a blue shirt / decided / .)

→ _____

5. 수는 책을 한 권 사러 서점에 갔다. (went / to the bookstore / a book / Sue / to buy / .)

→ _____

vet 수의사 fix 고치다, 수리하다 go back 돌아가다 go on vacation 휴가를 가다 healthy 건강한 bookstore 서점

C 주어진 동사들을 알맞은 형태로 빈칸에 넣어 소녀의 장래 희망에 대한 글을 완성하세요.

Future Inventor

My dream is to become an inventor. I want _____(be) an inventor like Willis Carrier. Carrier invented the air conditioner. I can't live without an air conditioner in summer.

_____(become) an inventor, I'll study hard and read many science books. I wish _____(invent) useful things in the future. Like Willis Carrier, I hope _____(help) people.

D 보기의 동사들을 알맞은 형태로 빈칸에 넣어 세계 일주가 꿈인 준과 친구의 대화를 완성하세요.

보기   drive   leave   save   travel(2번 사용)

Jun : Jay, I've decided _____ around the world.

Jay : Really? When will you leave?

Jun : I'm planning _____ in my twenties. Now I'm planning _____ money to travel. I will study English hard, and I will learn _____ when I turn 19.

Jay : Great. Good luck to you, Jun! I also want _____ to Europe someday.

Jun : Then meet me in Europe!

inventor 발명가   like ~처럼   invent 발명하다   air conditioner 에어컨   without ~ 없이
useful 쓸모 있는, 유용한   travel around the world 세계 일주를 하다   in one's twenties 20대에
save (돈을) 모으다   turn + 나이 (~살이) 되다   someday 언젠가

1-3 빈칸에 들어갈 말로 알맞은 것을 고르세요.

4-5 빈칸에 들어갈 말이 바르게 짝지어진 것을 고르세요.

1

I want _____ a shower right now.

① take
② takes
③ took
④ to take
⑤ taking

* right now 지금 당장

2

We enjoyed _____ a barbecue last night.

① have
② had
③ has
④ to have
⑤ having

3

They decided _____ the musical this weekend.

① to see
② see
③ saw
④ sees
⑤ seeing

4

• Her job is _____ science.
• They kept _____ baseball.

① to teach - playing
② teach - play
③ teaching - to play
④ to teach - to play
⑤ teach - played

5

• The people stopped _____ the song.
• I learned _____ spaghetti from my dad.

① sing - cook
② singing - to cook
③ sang - cooked
④ to sing - cooking
⑤ singing - cooking

* spaghetti 스파게티

6-7 밑줄 친 to부정사나 동명사의 쓰임이 주어진 문장과 같은 것을 고르세요.

6

> I went there to buy a pencil.

① My dream is to go to the moon.
② She likes to take photos.
③ He began to cook dinner.
④ I will learn to play the piano.
⑤ I called him to say hi.

7

> I enjoy reading novels.

① Talking with her is fun.
② She finished writing an essay.
③ His job is raising bees.
④ My hobby is collecting stamps.
⑤ Listening to music is my hobby.

＊ stamp 우표

8-9 빈칸에 들어갈 수 없는 것을 고르세요.

8

> Jay _____ watching the movie.

① enjoyed ② finished ③ hoped
④ stopped ⑤ kept

9

> I _____ to do the work.

① wanted ② liked ③ hoped
④ gave up ⑤ learned

10-11 우리말을 영어로 바르게 옮긴 것을 고르세요.

10

> 루시는 그 남자와 결혼하기로 결심했다.

① Lucy decided marry the man.
② Lucy decided marrying the man.
③ Lucy decided for married the man.
④ Lucy decided to marry the man.
⑤ Lucy decided and married the man.

＊ marry ~와 결혼하다

11

> 우리 아빠는 골프 치는 것을 그만두셨다.

① My dad stopped playing golf.
② My dad stopped to play golf.
③ My dad stopped play golf.
④ My dad stopped and played golf.
⑤ My dad stopped but play golf.

12 다음 중 **틀린** 문장을 고르세요.

① I love to listen to classical music.
② Mark stopped drinking Coke.
③ Making dolls are her hobby.
④ She wants to go to the concert.
⑤ They finished cleaning the house.

13 다음 중 올바른 문장을 고르세요.

① He hopes seeing her again.
② They enjoyed to watch the movie.
③ I learned playing the guitar.
④ They planned holding a Christmas party.
⑤ I decided to travel to Busan this summer.

14-15 밑줄 친 부분의 쓰임이 나머지와 **다른** 하나를 고르세요.

14 ① The girl likes to draw pictures.
② My wish is to become a doctor.
③ I am planning to study in the U.S.
④ He wants to buy a new cap.
⑤ They hope to win the game.

15 ① It kept snowing for three days.
② Jessie likes traveling by train.
③ Anne's hobby is reading books.
④ The boy is running with his dog.
⑤ I gave up learning to swim.

16 다음 문장을 바르게 고치는 방법으로 알맞은 것을 고르세요.

> She hopes meeting her favorite singer.

① hopes를 hopes to로 고친다.
② hopes를 is hopes로 고친다.
③ meeting을 to meet로 고친다.
④ meeting을 meet로 고친다.
⑤ meeting을 she meets로 고친다.

17-18 괄호 속 동사를 알맞은 형태로 빈칸에 쓰세요.

17

> He gave up _____ in three days. (exercise)

* in three days 3일 만에

18

> I learned _____ when I was a child. (swim)

19-21 우리말 뜻에 맞도록 틀린 부분을 바르게 고쳐 문장을 다시 쓰세요.

19

Reading comic books are her hobby. 만화책 읽는 것이 그녀의 취미다.

→ _____

20

He hopes speaking English fluently.

그는 영어를 유창하게 하기를 희망한다.

→ _____

* **fluently** 유창하게

21

We kept to look at the stars for hours.

우리는 몇 시간 동안 계속 별들을 바라보았다.

→ _____

* **for hours** 몇 시간 동안

22-23 우리말과 같은 뜻이 되도록 주어진 단어들을 바르게 배열하여 문장을 완성하세요.

22

나의 꿈은 건강하고 행복한 삶을 사는 것이다.

(is / my dream / a healthy and happy life / to live / .)

→ _____

_____

23

나는 숙제를 끝내고 TV를 보았다.

(doing my homework / finished / and watched TV / I / .)

→ _____

_____

24-25 주어진 단어들을 사용하여 우리말과 같은 뜻이 되도록 문장을 완성하세요.

24

그는 주말에 캠핑 가는 것을 즐긴다.

(enjoy, go camping)

→ _____

on weekends.

25

그녀는 이번 여름에 그 섬에 가기로 계획했다.

(plan, go to the island)

→ _____

_____ this summer.

앞에서 배운 단어를 한 번 더 확인하고 어렵거나 모르는 단어는 다시 공부하세요.

☐ bathroom	욕실	☐ become	~이 되다
☐ boring	지루한	☐ chopstick	젓가락
☐ college	대학(교)	☐ designer	디자이너
☐ fix	고치다, 수리하다	☐ fly	날리다, 날다
☐ foreign	외국의	☐ future	미래; 미래의
☐ grow	기르다	☐ healthy	건강한
☐ history	역사	☐ hope	희망
☐ invent	발명하다	☐ inventor	발명가
☐ kite	연	☐ lawyer	변호사
☐ lose	잃다	☐ map	지도
☐ musician	음악가	☐ niece	(여자) 조카
☐ novelist	소설가	☐ plant	식물
☐ regularly	규칙적으로	☐ restaurant	식당
☐ return	돌아오다	☐ right	옳은, 맞는
☐ save	(돈을) 모으다	☐ think	생각하다
☐ treat	치료하다	☐ useful	쓸모 있는, 유용한
☐ vet	수의사	☐ water	(화초 등에) 물을 주다
☐ wing	날개	☐ wish	소망, 희망, 바람; 바라다, 희망하다

CHAPTER 6

문장의
구성 요소

동영상 강의

Unit 1. **문장 성분**
Unit 2. **품사, 구와 절**

영어 문장을 이루는 주어, 동사, 목적어, 보어, 수식어를 문장 성분이라고 해요.
문장 성분과 아울러, 영어 단어를 역할과 의미에 따라 나눈 8개의 품사, 그리고 구와 절에 대해 배워요.

 문장 성분

1 주어와 동사

주어는 행동의 주체가 되는 말로, '누가/무엇이 ~하다/이다'에서 **'누가/무엇이'**에 해당해요. 보통 문장 맨 앞, 동사 앞에 와요.
동사는 주어의 행동이나 상태를 나타내는 말로 '**~하다/이다**'에 해당해요. 보통 주어 뒤에 와요.

영어 문장을 이루는 요소들을 **문장 성분**이라고 해요. 주어, 동사, 목적어, 보어, 수식어가 있어요.

주어 — 동사
보어   문장 성분   목적어
수식어

<u>Jisu</u> <u>went</u> to Busan yesterday. 지수는 어제 부산에 갔다.
　주어　　동사

<u>The man</u> <u>is wearing</u> a shirt. 그 남자는 셔츠를 입고 있다.
　　주어　　　　동사

2 목적어

목적어는 동사의 행동의 대상이 되는 말로, '누가 ~을/를 …하다'에서 '**~을/를**'에 해당하는 말이에요. 동사 뒤에 와요.

주어 + 동사 + 목적어
누가/무엇이   ~하다   ~을/를

<u>Sumin</u> <u>studies</u> <u>English</u> very hard. 수민이는 영어를 매우 열심히 공부한다.
　주어　　동사　　목적어

<u>The old lady</u> <u>is drawing</u> <u>a picture</u> in the garden. 그 노부인은 정원에서 그림을 그리고 있다.
　　주어　　　　동사　　　목적어

3 보어

보어는 주어를 보충해서 설명하는 말로, '~는 …이다/(어떠)하다'에서 '**…이다/(어떠)하다**'에 해당하는 말이에요.

주어 + 동사 + 보어
누가/무엇이   ~이다/(어떠)하다

<u>John</u> <u>is</u> <u>tired</u> now. 존은 지금 피곤하다.
　주어　동사　보어

<u>My dad</u> <u>is</u> <u>a doctor</u>. 우리 아빠는 의사시다.
　주어　　동사　　보어

4 수식어

수식어는 다른 단어를 꾸며서 의미를 더 구체적으로 만들어주는 말이에요.
문장에 꼭 있어야 하는 요소가 아니므로 생략해도 괜찮아요.

The cat is playing with a <u>small</u> ball. 고양이가 작은 공을 가지고 놀고 있다.
　　　　　　　　　　　　수식어

He goes jogging <u>every morning</u>. 그는 매일 아침 조깅하러 간다.
　　　　　　　　수식어

• 두 문장에서 각각 small과 every morning을 생략해도 이 두 문장은 온전한 문장이에요. 수식어가 쓰임으로써 의미가 더 구체적이 될 뿐이에요.

A 각 문장에서 주어에는 동그라미(◯), 동사에는 세모(△)를 그리세요.

1. Paul is a friend of mine. 폴은 내 친구다.

2. Cows are lying on the grass. 소들이 풀밭에 누워 있다.

3. She slept well last night. 그녀는 어젯밤에 잘 잤다.

4. We will go to the movies this Saturday. 우리는 이번 토요일에 영화를 보러 갈 것이다.

5. Paul and John love to dance together. 폴과 존은 함께 춤추는 것을 무척 좋아한다.

B 그림을 참고하여 밑줄 친 단어가 목적어인지 보어인지 골라 √ 표시 하세요.

1. I am eating lunch now. ☐ 목적어 ☐ 보어

2. Her dress is black. ☐ 목적어 ☐ 보어

3. The boys played soccer yesterday. ☐ 목적어 ☐ 보어

4. This ice cream is so sweet. ☐ 목적어 ☐ 보어

C 각 문장에서 밑줄 친 단어를 꾸미는 수식어를 찾아 동그라미 하세요.

1. She has long hair. 그녀는 긴 머리를 갖고 있다.

2. The boy ran fast. 그 남자아이는 빨리 달렸다.

3. The woman was really kind. 그 여성은 정말 친절했다.

4. I watched the movie in 2017. 나는 그 영화를 2017년에 보았다.

5. James studied law in the U.S. 제임스는 미국에서 법을 공부했다.

A 각 문장에서 주어진 문장 성분을 찾아 그 번호를 쓰세요.

1. She cleans the house every morning. 그녀는 매일 아침 집을 청소한다.
   ① ② ③ ④
   주어 : ☐

2. The boys don't live in a city. 그 남자아이들은 도시에 살지 않는다.
   ① ② ③
   동사 : ☐

3. They do their homework after dinner. 그들은 저녁 식사 후에 숙제를 한다.
   ① ② ③ ④
   목적어 : ☐

4. This is my sister's smartphone. 이것은 우리 언니의 스마트폰이다.
   ① ② ③
   보어 : ☐

5. The stars are shining in the night sky. 별들이 밤하늘에서 빛나고 있다.
   ① ② ③
   수식어 : ☐

B 올바른 문장이 되도록 순서대로 번호를 쓰세요.

1. it   rainy   last Saturday.   was
   ☐   ☐   ☐   ☐

2. am   an elementary school student.   I
   ☐   ☐   ☐

3. a journalist.   to be   the girl   hopes
   ☐   ☐   ☐   ☐

4. Tom   his grandmother   visits   every weekend.
   ☐   ☐   ☐   ☐

5. Tom   meet   they   tomorrow.   are going to
   ☐   ☐   ☐   ☐   ☐

114 🔍 shine 빛나다, 반짝이다 journalist 기자

C 빈칸에 알맞은 문장 성분의 이름을 쓰세요.

1. Chris likes autumn. 크리스는 가을을 좋아한다.
주어　동사　(　　　　)

2. Ottawa is the capital of Canada. 오타와는 캐나다의 수도이다.
　주어　동사　　　(　　　　)

3. They bake bread every morning. 그들은 매일 아침 빵을 굽는다.
주어　(　　)　목적어　　(　　　　)

4. Her voice is really beautiful. 그녀의 목소리는 정말 아름답다.
(　　)　동사　　　(　　　　)

5. The girls are singing a song together. 그 여자아이들은 함께 노래를 부르고 있다.
　주어　　(　　　)　(　　　)

D 각 문장에서 수식어와 그 수식어가 꾸며주는 말을 찾아 그 번호를 쓰세요.

1. The soccer player runs fast. 그 축구 선수는 빨리 달린다.
　　　❶　　　　❷ ❸
수식어 : [　] 수식어가 꾸며주는 말 : [　]

2. I saw a beautiful rainbow. 나는 아름다운 무지개를 보았다.
❶ ❷　　❸　　❹
수식어 : [　] 수식어가 꾸며주는 말 : [　]

3. Ms. Smith works in the library. 스미스 씨는 도서관에서 일한다.
　❶　　❷　　　❸
수식어 : [　] 수식어가 꾸며주는 말 : [　]

4. Julia plays tennis well. 줄리아는 테니스를 잘 친다.
❶　❷　❸　❹
수식어 : [　] 수식어가 꾸며주는 말 : [　]

5. Jupiter is the largest planet in the solar system. 목성은 태양계에서 가장 큰 행성이다.
　❶　❷　　❸　　　❹
수식어 : [　] 수식어가 꾸며주는 말 : [　]

A 주어진 단어들을 바르게 배열하여 우리말과 같은 뜻이 되도록 문장을 완성하세요.

1. 그녀는 보통 7시에 일어난다. (gets up / she / at 7 / usually / .)

   →＿＿＿＿＿＿＿＿＿＿＿＿＿＿＿＿＿＿＿＿＿＿＿＿

2. 그의 그림은 무척 아름답다. (beautiful / his paintings / very / are / .)

   →＿＿＿＿＿＿＿＿＿＿＿＿＿＿＿＿＿＿＿＿＿＿＿＿

3. 코끼리는 코가 길다. (a long / an elephant / nose / has / .)

   →＿＿＿＿＿＿＿＿＿＿＿＿＿＿＿＿＿＿＿＿＿＿＿＿

4. 나는 그 가수에게 편지를 쓸 것이다. (write / to the singer / I / a letter / will / .)

   →＿＿＿＿＿＿＿＿＿＿＿＿＿＿＿＿＿＿＿＿＿＿＿＿

5. 그는 오늘 우유를 세 잔 마셨다. (today / he / milk / drank / three glasses of / .)

   →＿＿＿＿＿＿＿＿＿＿＿＿＿＿＿＿＿＿＿＿＿＿＿＿

B 우리말 뜻을 참고하여 주어진 단어를 알맞은 자리에 넣어 문장을 다시 쓰세요.

1. I read last night. (a book) 나는 어젯밤에 책을 한 권 읽었다.

   →＿＿＿＿＿＿＿＿＿＿＿＿＿＿＿＿＿＿＿＿＿＿＿＿

2. This movie is really. (interesting) 이 영화는 정말 재미있다.

   →＿＿＿＿＿＿＿＿＿＿＿＿＿＿＿＿＿＿＿＿＿＿＿＿

3. Visited the National Museum of Korea last fall. (I) 나는 작년 가을에 국립중앙박물관을 방문했다.

   →＿＿＿＿＿＿＿＿＿＿＿＿＿＿＿＿＿＿＿＿＿＿＿＿

4. My sister volleyball very much. (likes) 내 여동생은 배구를 무척 좋아한다.

   →＿＿＿＿＿＿＿＿＿＿＿＿＿＿＿＿＿＿＿＿＿＿＿＿

5. He a baseball and a baseball glove. (had) 그는 야구공과 야구 글러브를 갖고 있었다.

   →＿＿＿＿＿＿＿＿＿＿＿＿＿＿＿＿＿＿＿＿＿＿＿＿

C 주어진 문장 성분들을 올바른 순서로 배열하여 스포츠를 좋아하는 사람의 이야기를 완성하세요.

I Like Sports

1

나는 스포츠를 좋아한다.

2

스포츠는 재미있고 흥미진진하다.

3

나는 다양한 스포츠 게임 보는 것을 즐긴다.

These days, I watch the Olympic Games. 요즘 나는 올림픽 경기를 본다.

4

올림픽은 국제적 스포츠 축제이다.

I feel excited and touched when I cheer for the Korean team.
나는 한국팀을 응원할 때 흥분하고 감동을 받는다.

5

한국 선수들이 오늘 메달을 더 땄다.

I was very happy. 나는 무척 기뻤다.

- -

❶ 목적어 sports   주어 I   동사 like

❷ 주어 sports   보어 fun and exciting   동사 are

❸ 동사 enjoy   주어 I   목적어 watching various sports games

❹ 보어 a global sports festival   주어 the Olympics   동사 is

❺ 동사 won   주어 Korean players   목적어 more medals
   수식어 today

sports 스포츠   excited 신이 난, 흥분한   touched 감동한   cheer 응원하다   exciting 신나는, 흥미진진한
global 국제적인   festival 축제   won (메달·상금을) 땄다(win의 과거형)   medal 메달

Chapter 6. 문장의 구성 요소   **117**

UNIT 2 품사, 구와 절

1 8품사

영어 단어들은 역할과 의미에 따라 명사, 대명사, 동사, 형용사, 부사, 전치사, 접속사, 감탄사로 나눌 수 있는데, 이 8가지를 품사라고 해요. 감탄사를 제외하면 모두 앞에서 공부했어요. 품사들을 다시 한 번 정리해 봐요.

명사	사람, 동물, 사물의 이름을 나타내는 말 (주어, 목적어, 보어로 쓰여요.)	baby, dog, flower, car, Tommy, dream 등
대명사	명사를 대신하는 말 (주어, 목적어, 보어로 쓰여요.)	I, you, she, it, them, his, that 등
동사	동작이나 상태를 나타내는 말	be, do, have, go, eat, read, sleep 등
형용사	상태나 성질을 나타내는 말 (보어, 수식어로 쓰여요.)	good, small, kind, happy, sad 등
부사	동사, 형용사, 부사를 꾸며주는 말 (수식어로 쓰여요.)	very, well, really, hard, quickly 등
전치사	명사나 대명사 앞에 와서 시간, 장소, 위치 등을 나타내는 말	in, on, at, from, to, behind, under 등
접속사	단어와 단어, 구와 구, 절과 절을 이어주는 말	and, but, when, before, after, so 등
감탄사	기쁘거나 놀라거나 슬픈 감정을 표현하는 말	wow, oops, bravo, alas, oh 등

2 구와 절

단어들이 2개 이상 모여서 무리 지어 쓰이기도 해요. 그것을 구 또는 절이라고 해요.

구	단어 2개 이상이 한 덩어리로 쓰이는 것으로, 주어와 동사가 들어 있지 않음	My dream is to be an actor. 내 꿈은 배우가 되는 것이다. → 명사처럼 쓰임 (보어) The man on the left is my uncle. 왼쪽에 있는 사람이 내 삼촌이다. → 형용사처럼 쓰임 (명사 man 수식) I go jogging in the morning. 나는 아침에 조깅을 하러 간다. → 부사처럼 쓰임 (동사 go 수식)
절	단어 2개 이상이 한 덩어리로 쓰이는 것으로, 주어와 동사가 들어 있음	I am Korean, and she is Chinese. (and로 두 절이 연결됨) 주어 동사 주어 동사 나는 한국인이고 그녀는 중국인이다. I feel good when I eat ice cream. (when이 이끄는 절) 주어 동사 나는 아이스크림을 먹을 때 기분이 좋다. People like her because she is very kind. (because가 이끄는 절) 주어 동사 그녀는 매우 친절해서 사람들은 그녀를 좋아한다.

A 각 단어의 품사를 쓰세요.

1. computer _____

2. have _____

3. and _____

4. on _____

5. beautiful _____

6. very _____

7. oops _____

8. it _____

B 나열된 단어 가운데 품사가 <u>다른</u> 하나를 골라 동그라미 하세요.

1. he   us   that   be   they   your

2. kind   quickly   smart   sunny   wonderful

3. morning   father   new   season   eraser

4. well   always   easy   really   very

5. learn   between   become   speak   listen

C 각 문장에서 밑줄 친 부분이 구인지 절인지 골라 √ 표시 하세요.

1. I lived in Australia <u>three years ago</u>.   ☐ 구   ☐ 절

2. She has a dog and <u>two cats</u>.   ☐ 구   ☐ 절

3. We went camping, and <u>we had a barbecue there</u>.   ☐ 구   ☐ 절

4. They stayed home because <u>it snowed heavily</u>.   ☐ 구   ☐ 절

5. <u>The largest animal in the world</u> is the blue whale.   ☐ 구   ☐ 절

🔍 **wonderful** 멋진, 훌륭한   **eraser** 지우개   **between** ~ 사이에   **ago** ~ 전에   **heavily** 심하게, 몹시

STEP 2 규칙 적용 연습

A 각 문장 앞에 제시한 품사에 해당하는 단어에 모두 동그라미 하세요.

1. [명사] A bird is flying in the sky. 새 한 마리가 하늘을 날고 있다.

2. [대명사] She studies Korean history at a college. 그녀는 대학에서 한국사를 공부한다.

3. [동사] I like hamburgers, but my mom hates them. 나는 햄버거를 좋아하지만 우리 엄마는 싫어한다.

4. [형용사] An ocean is a large sea. 대양은 넓은 바다다.

5. [부사] The boy usually gets up early in the morning. 그 남자아이는 보통 아침에 일찍 일어난다.

6. [전치사] We will meet at the train station on Friday. 우리는 금요일에 기차역에서 만날 것이다.

7. [접속사] I didn't like him when I first met him. 나는 그를 처음 만났을 때는 그가 마음에 들지 않았다.

8. [감탄사] Wow! This cake is really delicious! 우와! 이 케이크 정말 맛있다!

B 그림과 일치하도록 왼쪽과 오른쪽을 바르게 짝지어 문장을 완성하세요.

1. I take a shower ·   ⓐ because she is sick.

2. She can't go out ·   ⓑ but it was rainy yesterday.

3. John lived in London ·   ⓒ or noodles?

4. It's sunny today, ·   ⓓ after I exercise.

5. Will you eat rice ·   ⓔ when he was a child.

C 보기에서 알맞은 단어를 골라 빈칸을 채우고, 그 단어가 어떤 품사인지 쓰세요.

보기	him	often	hot	and	after

1. I have two aunts _____ one uncle.　　　(품사 :　　　)

2. Peter is my schoolmate. I often see _____.　　(품사 :　　　)

3. It is really _____ this summer.　　　(품사 :　　　)

4. She _____ watches YouTube videos.　　(품사 :　　　)

5. Nelly sometimes goes to the library _____ school.　(품사 :　　　)

D 보기에서 알맞은 표현을 골라 빈칸을 채우고, 구인지 절인지 쓰세요.

보기	they can't fly　　she went to bed early
	under the desk　　The white flowers　　he is funny and brave

1. There is a waste basket _____.　　(　　)

2. Ostriches are birds, but _____.　　(　　)

3. _____ are cherry blossoms.　　(　　)

4. I like him because _____.　　(　　)

5. She was tired last night, so _____.

　　　　　　　　　　　　　　　　　　　　　　　　　　(　　)

A 우리말 뜻을 참고하여 <u>잘못 쓴 품사</u>를 바르게 고쳐 문장을 다시 쓰세요.

1. The boy sings really good. 그 남자아이는 정말 노래를 잘 부른다.
   →

2. Look at that beautifully flower. 저 아름다운 꽃 좀 봐.
   →

3. I am a fourth grader, in my brother is a third grader. 나는 4학년이고 내 동생은 3학년이다.
   →

4. The American speakers Korean very well. 그 미국인은 한국어를 매우 잘한다.
   →

5. The girl is happiness when she listens to their music. 그 소녀는 그들의 음악을 들을 때 행복하다.
   →

B 주어진 단어들을 바르게 배열하여 우리말과 같은 뜻이 되도록 문장을 완성하세요.

1. 우리 언니는 매일 아침 수영을 간다. (every morning / my sister / goes swimming / .)
   →

2. 나는 무언가 먹고 나면 양치질을 한다. (eat something / after / brush my teeth / I / I / .)
   →

3. 잘 자는 것은 우리 건강에 중요하다. (important / is / sleeping well / for our health / .)
   →

4. 당신 반에는 학생이 몇 명 있어요? (students / in your class / are / how many / ?)
   →

5. 그는 자라서 기자가 되고 싶다. (to be a journalist / he grows up / when / he wants / .)
   →

grader 학년생 speaker 말하는 사람, 연사 happiness 행복 grow up 자라다, 성장하다

C 태양계의 행성에 대한 미나와 지수의 대화를 읽고 밑줄 친 단어들의 품사를 구분하세요.

Mina: <u>Look</u> at the moon. It's very <u>bright</u> and round.
①　　　　　　　　　　　　　②

Is the moon a planet like Earth?

Jisu: No. The <u>moon</u> is Earth's satellite. The moon goes round Earth.
③

Mina: <u>Oh!</u> I see. How many planets are there <u>in</u> the solar system?
④　　　　　　　　　　　　　　　　　　　⑤

Jisu: There <u>are</u> eight. <u>They</u> are Mercury, Venus, Earth, Mars, Jupiter,
⑥　　　　⑦

Saturn, Uranus, <u>and</u> Neptune.
⑧

Mina: What is the <u>biggest</u> <u>planet</u>?
⑨　　　　⑩

Jisu: Jupiter. Jupiter is <u>very</u> big.
⑪

Mina: Then what is the smallest planet?

Jisu: Mercury. It is the closest planet to the sun.

명사	대명사	동사	형용사	부사	전치사	접속사	감탄사

round 둥근; ~을 돌아, ~ 둘레에　satellite 위성　Venus 금성　Mars 화성
Saturn 토성　Uranus 천왕성　Neptune 해왕성　closest 가장 가까운

[1-2] 다음 중 품사가 <u>다른</u> 하나를 고르세요.

1 ① flower ② person
　　③ become ④ chicken
　　⑤ Internet

2 ① because ② when
　　③ and ④ but
　　⑤ between

[3-4] 다음 중 품사가 <u>잘못</u> 표시된 것을 고르세요.

3 ① water – 명사
　　② nicely – 부사
　　③ or – 전치사
　　④ remember – 동사
　　⑤ wonderful – 형용사

4 ① Korea – 형용사
　　② video – 명사
　　③ walk – 동사
　　④ at – 전치사
　　⑤ together – 부사

5 품사가 같은 단어끼리 짝지어진 것을 고르세요.
　　① go – for
　　② she – and
　　③ small – very
　　④ be – have
　　⑤ bravo – desk

[6-7] 주어진 문장의 주어와 동사가 순서대로 바르게 짝지어진 것을 고르세요.

6

> Minho often plays soccer and tennis.

① Minho – often
② Minho – and tennis
③ plays – soccer and tennis
④ Minho – plays
⑤ often plays – Minho

7

> Are you good at math?

① you – Are ② Are – math
③ you – good ④ Are – good
⑤ you – math

8 두 문장의 목적어끼리 짝지어진 것을 고르세요.

> • She is eating lunch at the cafeteria.
> • Does your mother like pizza?

① cafeteria – pizza
② lunch – pizza
③ is eating – like
④ lunch – your mother
⑤ She – your mother

9 두 문장의 보어끼리 짝지어진 것을 고르세요.

> • Her hair is brown.
> • My hobby is going camping.

① hair - hobby
② brown - going camping
③ brown - camping
④ is - is
⑤ hair - going camping

10-11 밑줄 친 부분의 문장 성분이 나머지와 다른 하나를 고르세요.

10 ① Please open the window.
② Today, the sky is so beautiful.
③ The boy can play the violin.
④ She likes playing mobile games.
⑤ I will buy some milk at the supermarket.

11 ① She has many friends.
② The man speaks three languages.
③ We need a new table.
④ I want to have a guitar.
⑤ He takes a shower every day.

* language 언어

---

12 밑줄 친 부분이 '구'인 것을 고르세요.

① I like apples, and Mary likes grapes.
② When I was a child, I liked cartoons.
③ Kevin goes jogging in the evening.
④ I don't like summer because it's too hot.
⑤ I wash my hands after I come home.

---

13 밑줄 친 부분이 '절'인 것을 고르세요.

① They learned to use the machine.
② Going to the movies is my favorite hobby.
③ I'm going to go to the library after school.
④ I'll finish doing my homework before dinner.
⑤ I'll go to the bookstore before I go back home.

* machine 기계

14 다음 중 올바른 문장을 고르세요.

① She is a very kindly person.
② It is the fastly way to school.
③ This peach is so sweetly.
④ The test was easily.
⑤ The old man drives slowly.

15 다음 중 틀린 문장을 고르세요.

① Her father is a math teacher.
② His doesn't know the name of the game.
③ I am thinking about last summer vacation.
④ Will you go to his birthday party?
⑤ She likes all kinds of sports.

* all kinds of 모든 종류의

16 다음 문장을 바르게 고치는 방법으로 알맞은 것을 고르세요.

> Please be quietly in the theater.

① be를 being으로 고친다.
② be를 to be로 고친다.
③ be를 don't be로 고친다.
④ quietly를 quiet로 고친다.
⑤ be quietly를 quietly be로 고친다.

17 주어진 단어들을 품사에 따라 알맞은 자리에 쓰세요.

book	speak	small
wow	and	from
very	basket	mine
build	young	really
at	horse	because
him	oh	in

· 명사 _____
· 대명사 _____
· 동사 _____
· 형용사 _____
· 부사 _____
· 전치사 _____
· 접속사 _____
· 감탄사 _____

18-20 각 문장에서 해당되는 문장 성분을 빈칸에 쓰세요.

18

> He played the piano beautifully.

· 주어 _____
· 동사 _____
· 목적어 _____
· 수식어 _____

19

It was cloudy today.

· 주어 _____

· 동사 _____

· 보어 _____

· 수식어 _____

20

She has a new smartphone.

· 주어 _____

· 동사 _____

· 목적어 _____

· 수식어 _____

21-23 주어진 절에 이어지기에 가장 알맞은 구나 절을
보기에서 골라 문장을 완성하세요.

보기
① because the weather is good
② and missed the school bus
③ to watch my favorite TV show

21

I came home early today

_____.

22

We often go out in spring

_____.

23

She got up late this morning

_____.

24-25 주어진 단어들을 바르게 배열하여 우리말과 같은
뜻이 되도록 문장을 완성하세요.

24

자이언트판다는 중국에 살고 대나무를 먹는다.

(live / giant pandas / and /
eat bamboo / in China / .)

→ _____

_____

* **bamboo** 대나무

25

그는 저녁 식사 후에 자주 넷플릭스를 본다.

(after / he / watches /
dinner / Netflix / often / .)

→ _____

_____

앞에서 배운 단어를 한 번 더 확인하고 어렵거나 모르는 단어는 다시 공부하세요.

☐ ago	~ 전에	☐ autumn	가을
☐ between	~ 사이에	☐ capital	수도
☐ cheer	응원하다	☐ eraser	지우개
☐ excited	신이 난, 흥분한	☐ exciting	신나는, 흥미진진한
☐ festival	축제	☐ global	국제적인
☐ grass	풀밭, 풀	☐ grow up	자라다, 성장하다
☐ happiness	행복	☐ heavily	심하게, 몹시
☐ journalist	기자	☐ language	언어
☐ law	법	☐ machine	기계
☐ Mars	화성	☐ medal	메달
☐ Neptune	해왕성	☐ noodle	국수
☐ ostrich	타조	☐ planet	행성
☐ rainbow	무지개	☐ round	둥근; ~을 돌아, ~ 둘레에
☐ satellite	위성	☐ Saturn	토성
☐ schoolmate	같은 학교 친구	☐ shine	빛나다, 반짝이다
☐ sports	스포츠	☐ touched	감동한
☐ Uranus	천왕성	☐ Venus	금성
☐ voice	목소리	☐ wonderful	멋진, 훌륭한

기적의 초등 영문법 3

Workbook

길벗스쿨

UNIT 1 미래형 긍정문

A 다음 영어 단어에는 우리말 뜻을 쓰고, 우리말 뜻에는 영어 단어를 쓰세요.

	단어	우리말 뜻		우리말 뜻	단어
1	arrive		16	방문하다, 찾아가다	
2	bake		17	~로 여행을 가다	
3	before		18	(시간을) 보내다	
4	exercise		19	토요일	
5	favorite		20	강	
6	gym		21	키우다, 기르다	
7	listen		22	계획; 계획하다	
8	math		23	수학	
9	plan		24	(귀 기울여) 듣다	
10	raise		25	체육관, 헬스클럽	
11	river		26	특히[매우] 좋아하는	
12	Saturday		27	운동하다; 운동	
13	spend		28	~ 전에, ~하기 전에	
14	travel to		29	굽다	
15	visit		30	도착하다	

B POINT를 참고하여 주어진 동사와 will을 사용하여 미래형 문장을 완성하세요.

- I **will leave** for Busan tomorrow. They **will go** camping this weekend.

  will은 미래에 하기로 한 일을 말하거나 미래의 일을 예측해서 말할 때 쓴다.
  주어가 무엇이든 will로 쓰고, 뒤에는 항상 동사원형이 온다.

- **They'll** go camping this weekend.   will은 인칭대명사 주어와 함께 줄여서 쓸 수 있다.

1. It _____ this Saturday. (snow) 이번 토요일에 눈이 올 것이다.

2. She _____ the book tonight. (read) 그녀는 오늘 밤에 그 책을 읽을 것이다.

3. I _____ to my aunt's house next week. (go)
   나는 다음 주에 이모님 댁에 갈 것이다.

4. They _____ basketball this afternoon. (play)
   그들은 오늘 오후에 농구를 할 것이다.

5. Minsu _____ a middle school student next year. (be)
   민수는 내년에 중학생이 될 것이다.

C POINT를 참고하여 주어진 동사와 be going to를 사용하여 미래형 문장을 완성하세요.

- I **am going to meet** Charlie this afternoon.
  She **is going to stay** home today.
  We **are going to play** soccer after school.

  be going to로도 미래를 나타낼 수 있다. be going to 뒤에 동사원형을 쓰며, '~할 예정이다, ~할 것이다'라고 해석한다.

1. He _____ the bus. (take) 그는 그 버스를 탈 것이다.

2. I _____ Anne tomorrow. (meet) 나는 내일 앤을 만날 예정이다.

3. She _____ letters tonight. (write) 그녀는 오늘 밤에 편지를 쓸 것이다.

4. We _____ at 4 this afternoon. (leave)
   우리는 오늘 오후 4시에 떠날 예정이다.

5. They _____ lunch at an Italian restaurant. (have)
   그들은 이탈리아 식당에서 점심을 먹을 예정이다.

D POINT와 우리말 뜻을 참고하여 괄호 안에서 알맞은 것을 고르세요.

1. I (clean / will clean) my room every day.
   나는 매일 내 방을 청소한다.

2. We (will eat / ate) out this evening.
   우리는 오늘 저녁에 외식할 것이다.

3. My dad (goes / will go) fishing this weekend.
   우리 아빠는 이번 주말에 낚시를 가실 것이다.

4. Sue (does / is going to do) her homework tonight.
   수는 오늘 밤에 숙제를 할 것이다.

5. David (washed / will wash) his car next Saturday.
   데이비드는 다음 주 토요일에 세차할 것이다.

6. Cindy (visited / will visit) her grandmother last week.
   신디는 지난주에 할머니를 찾아뵈었다.

7. They (go / are going to go) on a picnic tomorrow.
   그들은 내일 소풍을 갈 것이다.

E 우리말 뜻을 참고하여 밑줄 친 부분을 바르게 고치세요.

1. She will <u>takes</u> a shower after dinner. → _____
   그녀는 저녁 식사 후에 샤워를 할 것이다.

2. I am going to <u>leaving</u> at 10 o'clock. → _____
   나는 10시에 떠날 것이다.

3. He will <u>to cook</u> pasta for his family. → _____
   그는 가족을 위해 파스타를 요리할 것이다.

4. We <u>will have</u> bread and butter every morning. → _____
   우리는 매일 아침 버터 바른 빵을 먹는다.

5. They <u>going</u> to spend their vacation at the beach. → _____
   그들은 해변에서 휴가를 보낼 예정이다.

주어진 단어들을 사용하여 우리말과 같은 뜻의 미래형 영어 문장을 쓰세요. (동사는 알맞은 형태로 바꾸고, 필요한 단어들을 추가하세요.)

1. 나는 내년에 열네 살이 될 것이다. (will, be, next year)

   →

2. 내일은 날씨가 맑을 것이다. (it, will, sunny, tomorrow)

   →

3. 존은 내일 학교에 일찍 갈 것이다. (John, will, to school, early, tomorrow)

   →

4. 우리는 다음 주에 시험을 볼 예정이다. (be going to, take a test, next week)

   →

5. 그녀는 이번 토요일에 친구들을 만날 것이다. (will, her friends, this Saturday)

   →

6. 나는 내년에 피아노 강습을 받을 예성이다. (be going to, take piano lessons)

   →

7. 그는 가족들과 내일 캠핑을 갈 것이다. (he, will, camping, with his family, tomorrow)

   →

8. 그들은 다음 달에 도시로 이사 갈 예정이다. (be going to, move, to a city, next)

   →

9. 나는 이번 금요일에 그 뮤지컬을 볼 예정이다. (be going to, watch, the musical, this)

   →

10. 그들은 내년에 스페인으로 여행을 갈 예정이다. (be going to, travel, to Spain, next)

    →

UNIT 2 미래형 부정문

A 다음 영어 단어에는 우리말 뜻을 쓰고, 우리말 뜻에는 영어 단어를 쓰세요.

	단어	우리말 뜻		우리말 뜻	단어
1	again		16	머무르다, 계속 있다	
2	baseball		17	밖에(서)	
3	beach		18	이사하다, 움직이다	
4	change		19	마음, 정신	
5	city		20	편지	
6	country		21	미술관, 화랑	
7	dream		22	잊다, 잊어버리다	
8	fight		23	싸우다	
9	forget		24	꿈	
10	gallery		25	시골, 나라	
11	letter		26	도시	
12	mind		27	바꾸다, 변하다	
13	move		28	해변	
14	outside		29	야구	
15	stay		30	다시, 또, 한 번 더	

B POINT를 참고하여 주어진 동사와 will을 써서 미래형 부정문을 완성하세요.

POINT

- I **will not go** to bed late tonight.

  미래에 '~하지 않을 것이다'라는 will의 부정문은 will 뒤에 not을 써서 〈will not+동사원형〉으로 쓴다.

- I **won't go** to bed late tonight.   will not은 won't로 줄여 쓸 수 있다.

1. I _____ to him about it. (talk)

   나는 그에게 그것에 대해 이야기하지 않을 것이다.

2. She _____ out this weekend. (go)

   그녀는 이번 주말에 외출하지 않을 것이다.

3. I _____ them tomorrow. (meet)

   나는 내일 그들을 만나지 않을 것이다.

4. He _____ coffee at night. (drink)

   그는 밤에 커피를 마시지 않을 것이다.

5. They _____ in the library this afternoon. (study)

   그들은 오늘 오후에 도서관에서 공부하지 않을 것이다.

C POINT를 참고하여 주어진 동사와 be going to를 써서 미래형 부정문을 완성하세요.

POINT

- She **is not going to go** out today.

  be going to의 부정문은 be동사 뒤에 not을 써서 〈be not going to+동사원형〉으로 쓴다.
  가까운 미래에 '~하지 않을 것이다'라는 뜻이다.

- She**'s not going to go** out today.   She **isn't going to go** out today.

  be going to의 부정형은 인칭대명사 주어와 be동사를 줄여 쓰거나 be동사와 not을 줄여 쓸 수 있다.

1. I _____ that T-shirt today. (wear)

   나는 오늘 저 티셔츠를 입지 않을 것이다.

2. She _____ to the party. (come)

   그녀는 그 파티에 오지 않을 것이다.

3. He _____ the TV show. (watch)

   그는 그 TV 프로그램을 보지 않을 것이다.

4. They _____ hiking this weekend. (go)

   그들은 이번 주말에 등산을 가지 않을 것이다.

D 우리말과 같은 뜻이 되도록 빈칸에 알맞은 단어를 써서 미래형 부정문을 완성하세요.

1. 내일은 춥지 않을 것이다.
   → It _____ _____ be cold tomorrow.

2. 그는 고양이를 기르지 않을 것이다.
   → He is _____ _____ _____ raise a cat.

3. 그녀는 오늘 제니퍼에게 전화를 걸지 않을 것이다.
   → She _____ _____ call Jennifer today.

4. 우리는 오늘 밤 그의 집에서 자지 않을 것이다.
   → We _____ _____ _____ to sleep at his house tonight.

5. 그들은 공원에 가지 않을 것이다.
   → They are _____ _____ _____ go to a park.

6. 나는 오늘 집에서 요리를 하지 않을 것이다. 외식을 할 것이다.
   → I _____ _____ cook at home today. I will eat out.

E 우리말 뜻을 참고하여 밑줄 친 부분을 바르게 고치세요.

1. I <u>not will</u> eat spicy food again.　　　→ _____
   나는 매운 음식을 다시는 먹지 않을 것이다.

2. I <u>not going</u> to visit her this weekend.　　→ _____
   나는 이번 주말에 그녀를 방문하지 않을 것이다.

3. Sarah <u>won't buys</u> new shoes.　　　→ _____
   사라는 새 신발을 사지 않을 것이다.

4. Tommy <u>does not going</u> to participate in the game.
   토미는 그 게임에 참가하지 않을 예정이다.

   → _____

5. We are <u>going not to</u> travel to the island this summer.
   우리는 이번 여름에 그 섬으로 여행 가지 않을 것이다.

   → _____

주어진 단어들을 사용하여 우리말과 같은 뜻의 미래형 영어 문장을 쓰세요. (동사는 알맞은 형태로 바꾸고, 필요한 단어들을 추가하세요.)

1. 내일은 비가 오지 않을 것이다. (it, be going to, rain)

→ _____

2. 그는 마음을 바꾸지 않을 것이다. (will, change, his mind)

→ _____

3. 그녀는 내일 집에 있지 않을 것이다. (be going to, stay home)

→ _____

4. 나는 오후 7시 이후에 음식을 먹지 않을 것이다. (will, after, p.m.)   * eat 음식을 먹다

→ _____

5. 우리는 이 순간을 잊지 않을 것이다. (will, forget, this moment)

→ _____

6. 나는 부산에서 그를 만나지 않을 것이다. (be going to, meet, Busan)

→ _____

7. 그녀는 단 음식을 많이 먹지 않을 것이다. (will, a lot of, sweet food)

→ _____

8. 그는 이번 겨울에 스키를 타지 않을 것이다. (be going to, ski, this winter)

→ _____

9. 그들은 오늘 오후에 농구를 하지 않을 것이다. (will, basketball, this afternoon)

→ _____

10. 우리는 올해에 해외여행을 가지 않을 것이다. (be going to, travel abroad, this year)

→ _____

UNIT 3 미래형 의문문

A 다음 영어 단어에는 우리말 뜻을 쓰고, 우리말 뜻에는 영어 단어를 쓰세요.

	단어	우리말 뜻		우리말 뜻	단어
1	borrow		16	주말	
2	breakfast		17	배구	
3	build		18	곧	
4	clean (동)		19	도서관	
5	delicious		20	떠나다, 출발하다	
6	exam		21	배우다	
7	here		22	한국어, 한국인; 한국의	
8	invite		23	초대하다	
9	Korean		24	여기에	
10	learn		25	시험	
11	leave		26	맛있는	
12	library		27	청소하다	
13	soon		28	짓다, 건설하다	
14	volleyball		29	아침 식사	
15	weekend		30	빌리다	

B POINT를 참고하여 괄호 안에서 알맞은 것을 골라 미래형 의문문을 완성하세요.

- **Will** you **go** to the movies tomorrow?

Yes, I **will. / No,** I **won't.**

미래에 어떤 일을 할 것인지, 어떤 일이 일어날 것인지 물을 때는 〈Will+주어+동사원형 ~?〉으로 쓴다.
'~할 건가요?, ~할까요?'라고 해석하며, 대답은 〈Yes, 주어+will.〉 / 〈No, 주어+won't.〉로 한다.

1. (Will Diane stay / Will stay Diane) home tomorrow?
   다이앤은 내일 집에 있을 거니?

2. (Will you do / Will do you) your homework before dinner?
   너는 저녁 먹기 전에 숙제할 거니?

3. (Do will you come / Will you come) to his birthday party?
   너는 그의 생일 파티에 올 거니?

4. (Do they will go / Will they go) to the bookstore after school?
   그들은 수업이 끝나면 서점에 갈 건가요?

C POINT를 참고하여 괄호 안에서 알맞은 것을 골라 미래형 의문문을 완성하세요.

- **Are** you **going to stay** home this weekend?

Yes, I **am. / No,** I'm **not.**

가까운 미래에 어떤 일을 할 예정인지 물어볼 때는 be going to를 이용해서 〈be동사+주어+going to+동사원형 ~?〉으로
쓴다. '~할 예정인가요?, ~할 건가요?'라고 해석하며, 대답은 〈Yes, 주어+be동사.〉 / 〈No, 주어+be동사+not.〉으로 한다.

1. Are you (go / going) to learn to swim this summer?
   너는 이번 여름에 수영하는 법을 배울 거니?

2. (Is / Does) he going to sing at their concert?
   그는 그들의 콘서트에서 노래를 할 예정인가요?

3. (Are you / Do you) going to come home early today?
   너는 오늘 집에 일찍 올 거니?

4. Is she going (visiting / to visit) her grandparents tomorrow?
   그녀는 내일 할아버지 할머니를 찾아뵐 건가요?

5. (Do they go / Are they going) to eat dinner at a restaurant?
   그들은 식당에서 저녁을 먹을 건가요?

D 우리말과 일치하도록 will 또는 be going to와 주어진 동사를 사용하여 질문을 완성하세요.

1. 그는 내년에 열세 살이 되니?

   → _____ he _____ 13 years old next year? (be)

2. 너는 해변에 갈 거니?

   → Are you _____ _____ _____ to the beach? (go)

3. 그녀는 내일 자전거를 탈 건가요?

   → Is she _____ _____ _____ a bike tomorrow? (ride)

4. 그들은 방학을 광주에서 보낼 건가요?

   → _____ they _____ their vacation in Gwangju? (spend)

E 질문을 보고 빈칸에 알맞은 대답을 쓰세요.

1. A: Will you eat out this evening? 당신은 오늘 저녁에 외식할 건가요?

   B: Yes, _____ _____.

2. A: Is she going to see a doctor? 그녀는 병원에 갈 건가요?

   B: Yes, _____ _____.

3. A: Are they going to learn to play the guitar? 그들은 기타 치는 법을 배울 건가요?

   B: No, _____ _____.

F 우리말 뜻을 참고하여 틀린 부분을 찾아 바르게 고치세요.

1. Will she to study math with her dad? 그녀는 아빠와 수학 공부를 할 건가요?

   _____ → _____

2. Do they going to meet James here? 그들은 여기서 제임스를 만날 건가요?

   _____ → _____

3. Will go you jogging tomorrow morning? 너 내일 아침에 조깅하러 갈 거니?

   _____ → _____

주어진 단어들을 사용하여 우리말과 같은 뜻의 미래형 영어 문장을 쓰세요. (동사는 알맞은 형태로 바꾸고, 필요한 단어들을 추가하세요.)

1. 너는 바다에서 수영할 거니? (will, swim, in the sea)

→ _____

2. 너는 핫초콜릿을 마실 거니? (be going to, hot chocolate)

→ _____

3. 그녀는 대학에서 역사를 공부할 건가요? (will, history, in college)

→ _____

4. 존은 그 기차를 탈 건 가요? (John, be going to, take the train)

→ _____

5. 너는 다음 주에 그 영화를 볼 거니? (will, watch, the, next week)

→ _____

6. 너 오늘 밤에 일찍 잘 거니? (be going to, to bed, early tonight)

→ _____

7. 너는 스미스 씨의 새 책을 살 거니? (will, Mr. Smith's new book)

→ _____

8. 그녀는 내년에 이탈리아로 여행을 갈 예정인가요? (be going to, travel, to Italy, next)

→ _____

9. 그들은 이번 주말에 캠핑을 갈 건가요? (be going to, camping, this weekend)

→ _____

10. 그들은 내일 박물관에 갈 예정인가요? (be going to, to the museum, tomorrow)

→ _____

UNIT 1 who, what

A 다음 영어 단어에는 우리말 뜻을 쓰고, 우리말 뜻에는 영어 단어를 쓰세요.

	단어	우리말 뜻		우리말 뜻	단어
1	activity		16	어제	
2	call		17	표, 티켓	
3	hobby		18	쏟다	
4	look at		19	샌드위치	
5	market		20	선물	
6	name		21	(그림 물감으로) 그리다, 페인트칠하다	
7	need		22	주문하다	
8	novel		23	소설	
9	order		24	필요로 하다	
10	paint		25	이름	
11	present		26	시장	
12	sandwich		27	~을 쳐다보다	
13	spill		28	취미	
14	ticket		29	부르다, 전화하다	
15	yesterday		30	활동	

B POINT를 참고하여 우리말 뜻에 맞게 괄호 안에서 알맞은 의문사를 고르세요.

- **Who** is that girl?   **Who** drew this picture?

  who는 '누구, 누가, 누구를'이라는 뜻으로, 사람에 대해 물어볼 때 쓰는 의문사다.

- **What** is this?   **What** will you do this weekend?

  what은 '무엇, 무엇을'이라는 뜻으로, 사물에 대해 물어볼 때 쓰는 의문사다.

1. (Who / What) is in that box? 저 상자 안에는 무엇이 있나요?

2. (Who / What) made this chair? 누가 이 의자를 만들었어요?

3. (Who / What) are you drawing now? 너는 지금 무엇을 그리고 있니?

4. (Who / What) did you do last Sunday? 넌 지난 일요일에 무엇을 했니?

5. (Who / What) is that boy with a dog? 강아지를 데리고 있는 저 남자아이는 누구예요?

6. (Who / What) does she eat for breakfast? 그녀는 아침으로 무얼 먹나요?

C POINT를 참고하여 질문에 대한 대답으로 알맞은 것을 고르세요.

- A: **Who** is that boy?   A: **What** are you doing?
  B: He is **my friend John.**   B: I **am helping my mom.**

  의문사로 묻는 의문문에는 Yes/No로 대답하지 않고 구체적인 내용으로 대답한다.

1. A: Who is that girl?

   B: (Yes, she is. / She is my sister.)

2. A: What is your name?

   B: (It's my name. / My name is Jimin.)

3. A: Who gave you this?

   B: (Mina gave it to me. / Yes, she gave it to me.)

4. A: What are you reading now?

   B: (No, I'm reading a novel. / I'm reading a novel now.)

D 우리말과 같은 뜻이 되도록 빈칸에 알맞은 의문사를 넣어 의문문을 완성하세요.

1. 네 꿈은 뭐니?
→ _____ is your dream?

2. 저 사람들은 누구예요?
→ _____ are those people?

3. 너는 거기서 누구를 만났니?
→ _____ did you meet there?

4. 너는 지금 무슨 생각을 하고 있니?
→ _____ are you thinking now?

5. 너희 과학 선생님은 누구시니?
→ _____ is your science teacher?

6. 톰은 내일 무엇을 할 예정인가요?
→ _____ is Tom going to do tomorrow?

E 대답을 보고 빈칸에 알맞은 의문사를 넣어 질문을 완성하세요.

1. A : _____ made this pasta?
B : My dad made it.

2. A : _____ are you doing now?
B : I am watching a TV show.

3. A : _____ did you talk to?
B : I talked to my friend Carrie.

4. A : _____ is your favorite fruit?
B : My favorite fruit is grapes.

5. A : _____ wrote this book?
B : A Korean scientist wrote it.

6. A : _____ did you do last summer vacation?
B : I went to Europe with my family.

F 주어진 단어들과 알맞은 의문사를 사용하여 우리말과 같은 뜻의 영어 문장을 쓰세요. (동사는 알맞은 형태로 바꾸고, 필요한 단어들을 추가하세요.)

의문사와 be동사가 쓰일 때	의문사 + be동사 + 주어 ~? 의문사 + be동사 + 부사(구) ~?	Who are you? What is on the desk?
의문사와 일반동사가 쓰일 때	의문사 + do/does/did + 주어 + 동사원형 ~? 의문사(주어) + 동사 ~?	What did you do today? Who invented the Internet?
의문사와 조동사가 쓰일 때	의문사 + 조동사 + 주어 + 동사원형 ~?	Who will you meet tomorrow?

1. 저 노부인은 누구신가요? (that old lady)

→ _____

2. 네가 특히 좋아하는 취미는 뭐니? (your, favorite hobby)

→ _____

3. 누가 너희에게 영어를 가르치시니? (teach, you, English)

→ _____

4. 이 영화는 누가 감독했나요? (direct, this movie)

→ _____

5. 그녀는 오늘 아침에 무엇을 먹었나요? (eat, this morning)

→ _____

6. 앤디는 다음 주말에 무엇을 할 건가요? (Andy, do, next weekend)

→ _____

7. 너는 누구를 기다리고 있니? (wait for)

→ _____

8. 그들은 이번 크리스마스에 무엇을 할 예정인가요? (be going to, do, this Christmas)

→ _____

UNIT 2 when, where, why

A 다음 영어 단어에는 우리말 뜻을 쓰고, 우리말 뜻에는 영어 단어를 쓰세요.

	단어	우리말 뜻		우리말 뜻	단어
1	angry		16	채소	
2	cry		17	방학, 휴가	
3	elementary school		18	슬픈	
4	enter		19	약속	
5	find		20	만나다	
6	French		21	5월	
7	hate		22	살다	
8	June		23	6월	
9	live		24	싫어하다	
10	May		25	프랑스어; 프랑스의	
11	meet		26	찾다, 발견하다	
12	promise		27	들어가다, 입학하다	
13	sad		28	초등학교	
14	vacation		29	울다	
15	vegetable		30	화가 난	

B POINT를 참고하여 우리말 뜻에 맞게 괄호 안에서 알맞은 의문사를 고르세요.

- **When** is your birthday?   **When** does she go to school?

  when은 '언제'라는 뜻으로, 시간, 날짜, 요일, 연도 등을 물어볼 때 쓰는 의문사다.

- **Where** is the bookstore?   **Where** do you live?

  where는 '어디에, 어디서'라는 뜻으로, 장소나 위치를 물어볼 때 쓰는 의문사다.

1. (When / Where) does James live? 제임스는 어디에 사니?

2. (When / What) did you come home? 너는 언제 집에 왔니?

3. (Who / Where) did she learn Korean? 그녀는 어디서 한국어를 배웠나요?

4. (What / When) did he read the book? 그는 언제 그 책을 읽었나요?

5. (What / When) do you usually get up? 너는 보통 언제 일어나니?

6. (When / Where) is your dad's birthday? 너희 아빠의 생신은 언제니?

7. (Where / What) did they go on a picnic? 그들은 어디로 소풍을 갔나요?

C POINT를 참고하여 괄호 안에서 알맞은 의문사를 고르세요.

- A : **Why** are you sleepy?

  B : **Because** I woke up too early this morning.

  why는 '왜'라고 이유를 묻는 의문사다. why로 물어보면 보통 because ~(왜냐하면 ~, ~하기 때문에, ~해서)로 대답한다.

1. A : (What / Why) are you so happy?

   B : Because I got a gift from my friend.

2. A : (When / Why) did she take the train?

   B : At eleven thirty.

3. A : (Why / Where) did he buy the book?

   B : From an online bookstore.

4. A : (Why / When) didn't you have lunch?

   B : Because I was not hungry.

D 우리말과 같은 뜻이 되도록 빈칸에 알맞은 의문사를 넣어 의문문을 완성하세요.

1. 그 아이는 왜 울고 있나요?
   → _____ is the child crying?

2. 너는 언제 공항으로 떠날 거니?
   → _____ will you leave for the airport?

3. 그 남자아이들은 어디서 배드민턴을 치나요?
   → _____ do the boys play badminton?

4. 너는 오늘 왜 일찍 일어났니?
   → _____ did you get up early today?

E 질문에 알맞은 대답을 연결하세요.

1. Where is LA?   •   ⓐ In the living room.

2. Why do you like her?   •   ⓑ It is December 25th.

3. When is Christmas Day?   •   ⓒ Because she is kind.

4. Where did you play the piano? •   ⓓ It is in the U.S.

5. When does she go to school?   •   ⓔ At 8 in the morning.

F 대답을 보고 빈칸에 알맞은 의문사를 넣어 질문을 완성하세요.

1. A : _____ is the library?
   B : It's behind the school.

2. A : _____ are you tired?
   B : Because I exercised for two hours yesterday.

3. A : _____ do you usually go hiking?
   B : On Saturdays.

주어진 단어들과 알맞은 의문사를 사용하여 우리말과 같은 뜻의 영어 문장을 쓰세요. (동사는 알맞은 형태로 바꾸고, 필요한 단어들을 추가하세요.)

의문사와 be동사가 쓰일 때	의문사 + be동사 + 주어 ~? 의문사 + be동사 + 부사(구) ~?	Who are you? What is on the desk?
의문사와 일반동사가 쓰일 때	의문사 + do/does/did + 주어 + 동사원형 ~? 의문사(주어) + 동사 ~?	What did you do today? Who invented the Internet?
의문사와 조동사가 쓰일 때	의문사 + 조동사 + 주어 + 동사원형 ~?	Who will you meet tomorrow?

1. 너희 아버지 생신은 언제니? (your father's, birthday)

   → _____

2. 그 사람은 왜 항상 바빠요? (the man, always, busy)

   → _____

3. 너는 어디서 그 배우를 봤어? (see, the actor)

   → _____

4. 너는 언제 치과에 갈 거니? (go to the dentist)

   → _____

5. 그녀는 왜 데이비드에게 전화했어요? (call, David)

   → _____

6. 그는 어디에서 중국어를 배웠나요? (learn, Chinese)

   → _____

7. 너는 언제 제주도로 여행을 갔었니? (travel, to Jeju Island)

   → _____

8. 너희 가족은 휴가로 어디에 갔었니? (your family, go on vacation)

   → _____

UNIT 3 how

A 다음 영어 단어에는 우리말 뜻을 쓰고, 우리말 뜻에는 영어 단어를 쓰세요.

	단어	우리말 뜻		우리말 뜻	단어
1	almost		16	마당	
2	Chinese		17	건강한; 잘, 좋게	
3	dollar		18	날씨	
4	first		19	설탕	
5	get		20	쌀, 밥	
6	giraffe		21	가격	
7	glass		22	달, 월	
8	kid		23	아이	
9	month		24	유리잔	
10	price		25	기린	
11	rice		26	얻다, 손에 넣다, 받다	
12	sugar		27	첫 번째의, 최초의	
13	weather		28	달러	
14	well		29	중국어, 중국인; 중국의	
15	yard		30	거의	

$\mathcal{B}$ POINT를 참고하여 괄호 안에서 알맞은 의문사를 고르세요.

- **How** is the weather today? (어떤)

  How do you go to school? (어떻게)

  how는 '어떤, 어떻게, 얼마나'라는 뜻으로, 상태나 정도, 방법, 수단 등을 물어볼 때 쓰는 의문사다.

1. (How / When) are you today? 오늘 기분 어때요?

2. (Who / How) was the animation? 그 애니메이션은 어땠어?

3. (What / How) did you make this soup? 이 수프는 어떻게 만들었어요?

4. (What / How) is the weather in London? 런던 날씨는 어때요?

5. (How / Who) did you solve this problem? 이 문제를 어떻게 풀었니?

6. (How / When) did you find your necklace? 네 목걸이를 어떻게 찾았니?

$\mathcal{C}$ POINT를 참고하여 우리말 뜻에 맞게 괄호 안에서 알맞은 단어를 고르세요.

- **How many boys** are in the playground? (수)

  How much is this hairpin? (가격)

  How old are you? (나이)

  How long did you travel in Europe? (기간)

  의문사 how 뒤에 형용사나 부사를 써서 수(how many), 양(how much), 가격(how much), 나이(how old), 길이 (how long), 기간(how long), 키(how tall), 횟수(how often) 등을 물어볼 수 있다.

1. 그 남자아이는 키가 몇인가요?　　　How (tall / old) is the boy?

2. 네 여동생은 몇 살이니?　　　　　　How (many / old) is your sister?

3. 사과가 몇 개 있나요?　　　　　　　How (much / many) apples are there?

4. 이 치즈 케이크는 얼마예요?　　　　How (much / many) is this cheesecake?

5. 당신은 쇼핑을 얼마나 자주 가나요?　How (often / many) do you go shopping?

6. 당신은 뉴욕에 얼마나 있었어요?　　How (old / long) did you stay in New York?

7. 당신은 물이 얼마나 필요해요?　　　How (much / many) water do you need?

D 대답을 보고 빈칸에 알맞은 단어를 넣어 질문을 완성하세요.

1. A : _____ _____ is the singer?

   B : He is 24 years old.

2. A : _____ _____ is the building?

   B : It is about 20 meters.

3. A : _____ _____ water do you drink a day?

   B : About 1 liter.

4. A : _____ _____ do you visit your grandma?

   B : Once a month.

E 질문에 알맞은 대답을 연결하세요.

1. How much is this watch? •   ⓐ It is 50 meters.

2. How many people are at the party? •   ⓑ Over 300 years old.

3. How tall is that tower? •   ⓒ By taxi.

4. How did you go to the hospital? •   ⓓ There are 32 people.

5. How old is the church? •   ⓔ It is 300 dollars.

F 우리말 뜻에 맞도록 틀린 부분을 찾아 바르게 고치세요.

1. Why did you open the door of the room? 너는 그 방의 문을 어떻게 열었니?

   _____ → _____

2. How old did you stay at his house? 너는 그의 집에 얼마나 머물렀니?

   _____ → _____

3. How much trees are in your yard? 당신의 집 마당에는 나무가 몇 그루나 있어요?

   _____ → _____

주어진 단어들과 알맞은 의문사를 사용하여 우리말과 같은 뜻의 영어 문장을 쓰세요. (동사는 알맞은 형태로 바꾸고, 필요한 단어들을 추가하세요.)

의문사와 be동사가 쓰일 때	의문사 + be동사 + 주어 ~? 의문사 + be동사 + 부사(구) ~?	Who are you? What is on the desk?
의문사와 일반동사가 쓰일 때	의문사 + do/does/did + 주어 + 동사원형 ~? 의문사(주어) + 동사 ~?	What did you do today? Who invented the Internet?
의문사와 조동사가 쓰일 때	의문사 + 조동사 + 주어 + 동사원형 ~?	Who will you meet tomorrow?

1. 그 웹툰 어땠어? (the webtoon)

→ _____

2. 네 어머니는 연세가 어떻게 되시니? (your mother)

→ _____

3. 너는 시간이 얼마나 필요하니? (time, you, need)

→ _____

4. 너는 어떻게 그 잡지를 구했니? (get, the magazine)

→ _____

5. 너는 얼마나 자주 샤워를 하니? (take a shower)

→ _____

6. 이 야구 글러브는 가격이 얼마예요? (this, baseball glove)

→ _____

7. 너는 그 나라를 얼마 동안 여행했니? (travel, around the country)

→ _____

8. 커피숍에 사람들이 몇 명이나 있었나요? (people, there, at the coffee shop)

→ _____

UNIT 1 형용사와 부사의 비교급

A 다음 영어 단어에는 우리말 뜻을 쓰고, 우리말 뜻에는 영어 단어를 쓰세요.

	단어	우리말 뜻		우리말 뜻	단어
1	airplane		16	따뜻한	
2	always		17	두꺼운	
3	cheap		18	과학	
4	difficult		19	같은, 동일한	
5	expensive		20	빨리, 신속하게	
6	high		21	문제	
7	important		22	인기 있는	
8	low		23	낮은	
9	popular		24	중요한	
10	problem		25	높은	
11	quickly		26	비싼	
12	same		27	어려운	
13	science		28	값싼	
14	thick		29	항상	
15	warm		30	비행기	

B POINT를 참고하여 괄호 안에서 알맞은 것을 고르세요.

> ### POINT
> - This ball is **bigger than** that ball. (형용사의 비교급)
> - Jimmy runs **faster than** Paul. (부사의 비교급)
>
> 둘 중 하나가 다른 하나보다 '더 ~한, 더 ~하게'라고 비교해서 말하는 표현을 비교급이라고 한다.
> 보통 형용사나 부사에 -er을 붙여서 비교급을 만들고, 비교하는 대상 앞에는 than(~보다)을 쓴다.

1. This tree is (tall / taller) than that tree. 이 나무는 저 나무보다 키가 더 크다.

2. A rabbit is (fast / faster) than a turtle. 토끼는 거북이보다 더 빠르다.

3. Today is (cold / colder) than yesterday. 오늘은 어제보다 더 춥다.

4. The moon is (small / smaller) than the sun. 달은 태양보다 작다.

5. This book is (thick / thicker) than that book. 이 책은 저 책보다 더 두껍다.

C POINT를 참고하여 주어진 형용사나 부사의 알맞은 형태를 빈칸에 쓰세요.

> ### POINT
> - His room is **larg**er than my room. | -e로 끝나는 단어는 -r을 붙인다.
> - Today is **hott**er than yesterday. | <모음 1+자음 1>로 끝나는 단어는 자음을 한 번 더 쓰고 -er을 붙인다.
> - This problem is **eas**ier than that problem. | <자음+-y>로 끝나는 단어는 y를 i로 바꾸고 -er을 붙인다.
> - This man is **more famous** than that man. | 길이가 긴 형용사나 부사는 앞에 more를 쓴다.
> - This is **better** than that. | 비교급이 불규칙하게 변화하는 단어들이 있다.

1. This doll is _____ than that doll. (cute) 이 인형은 저 인형보다 더 귀엽다.

2. This box is _____ than that box. (big) 이 상자가 저 상자보다 더 크다.

3. My hair is _____ than Tom's hair. (long) 내 머리가 톰의 머리보다 더 길다.

4. My mom gets up _____ than me. (early) 우리 엄마는 나보다 더 일찍 일어나신다.

5. The cat jumps _____ than the dog. (high) 고양이는 개보다 더 높이 점프한다.

6. Amy drinks _____ milk than John. (much) 에이미는 존보다 더 많은 우유를 마신다.

7. This movie is _____ than that movie. (interesting)
이 영화는 저 영화보다 더 재미있다.

D 주어진 단어를 알맞은 형태로 빈칸에 쓰세요.

1. slowly
   ⓐ The old man walks _____.
   ⓑ She speaks _____ than you.

2. much
   ⓐ I don't have _____ time.
   ⓑ He has _____ money than me.

3. pretty
   ⓐ Her daughter is very _____.
   ⓑ This flower is _____ than that flower.

4. many
   ⓐ She has _____ books.
   ⓑ This bag has _____ pockets than that bag.

5. important
   ⓐ The test is _____ to me.
   ⓑ This news is _____ than that news.

E 우리말 뜻을 참고하여 틀린 부분을 찾아 바르게 고치세요.

1. It is hot in August than in September. 8월은 9월보다 더 덥다.
   _____ → _____

2. Mike has many pens than John. 마이크는 존보다 펜을 더 많이 갖고 있다.
   _____ → _____

3. I got up earlyer today than yesterday. 나는 오늘 어제보다 더 일찍 일어났다.
   _____ → _____

4. It is a good dream than this. 그것은 이것보다 더 좋은 꿈이다.
   _____ → _____

5. The singer is popularer than the actor. 그 가수는 그 배우보다 인기가 더 많다.
   _____ → _____

F 주어진 형용사나 부사의 비교급을 사용하여 우리말과 같은 뜻의 영어 문장을 쓰세요. (동사는 알맞은 형태로 바꾸고, 필요한 단어들을 추가하세요.)

1. 사과는 오이보다 더 달다. (an apple, sweet, a cucumber)

   → _____

2. 곰이 여우보다 더 크다. (bears, big, foxes)

   → _____

3. 내 가방이 그녀의 가방보다 더 무겁다. (bag, heavy)

   → _____

4. 그는 존보다 책이 더 많다. (have, many, books, John)

   → _____

5. 그녀는 작년보다 더 열심히 공부한다. (hard, last year)

   → _____

6. 오늘은 어제보다 더 춥다. (today, it, cold, yesterday)

   → _____

7. 그것이 이것보다 더 중요했다. (it, important, this)

   → _____

8. 너의 행동이 그의 행동보다 더 나쁘다. (behavior, bad)

   → _____

9. 이번 시험이 지난달 시험보다 더 어렵다. (this test, difficult, last month's)

   → _____

10. 멜라니는 친구보다 더 천천히 걸었다. (Melanie, walk, slowly, her friend)

   → _____

UNIT 2 형용사와 부사의 최상급

A 다음 영어 단어에는 우리말 뜻을 쓰고, 우리말 뜻에는 영어 단어를 쓰세요.

	단어	우리말 뜻		우리말 뜻	단어
1	beautiful		16	세계	
2	Earth		17	과목	
3	health		18	힘이 센, 튼튼한	
4	January		19	이야기	
5	Jupiter		20	대양, 넓은 바다	
6	life		21	산	
7	light (형)		22	수성	
8	memory		23	기억, 추억	
9	Mercury		24	가벼운	
10	mountain		25	삶, 인생	
11	ocean		26	목성	
12	story		27	1월	
13	strong		28	건강	
14	subject		29	지구	
15	world		30	아름다운	

$\mathcal{B}$ POINT를 참고하여 우리말 뜻에 맞게 괄호 안에서 알맞은 것을 고르세요.

> **POINT**
>
> - She is **the tallest** in her class. (형용사의 최상급)
> - He runs **the fastest** of the three boys. (부사의 최상급)
>
> 최상급은 셋 이상을 비교해서 그중 하나가 '가장 ~한, 가장 ~하게'라고 말할 때 쓰는 표현이다.
> 보통 형용사나 부사에 -est를 붙이고, 앞에는 정관사 the를 쓴다.

1. This is (long / the longest) river in Korea.
   이것은 한국에서 가장 긴 강이다.

2. Mina is the (younger / youngest) girl in the family.
   미나는 그 가족에서 가장 어린 여자아이다.

3. It is (a smaller / the smallest) animal in the zoo.
   그것은 그 동물원에서 가장 작은 동물이다.

4. That is (the oldest / older) bridge in this city.
   저것은 이 도시에서 가장 오래된 다리다.

$\mathcal{C}$ POINT를 참고하여 주어진 형용사나 부사의 알맞은 형태를 빈칸에 쓰세요.

> **POINT**
>
> - He was **the brave**st soldier. | -e로 끝나는 단어는 -st를 붙인다.
> - That is **the big**gest box. | <모음1+자음1>로 끝나는 단어는 자음을 한 번 더 쓰고 -est를 붙인다.
> - This is **the eas**iest question. | <자음+-y>로 끝나는 단어는 y를 i로 바꾸고 -est를 붙인다.
> - It is **the most important** matter. | 길이가 긴 형용사나 부사는 앞에 most를 쓴다.
> - This is **the best** answer. | 최상급이 불규칙하게 변화하는 단어들이 있다.

1. It is the _____ city in the country. (large) 그곳은 그 나라에서 가장 큰 도시다.

2. July is the _____ month of the year. (hot) 7월이 1년 중 가장 더운 달이다.

3. Who came to school the _____ today? (early) 오늘 누가 학교에 제일 일찍 왔니?

4. Tommy is the _____ of the three boys. (heavy) 토미가 세 아이들 중 가장 무겁다.

5. She is the _____ figure skater in Korea. (famous)
   그녀는 한국에서 가장 유명한 피겨 스케이팅 선수다.

6. Today was the _____ day for me. (good) 오늘은 나에게 최고의 하루였다.

D 우리말과 같은 뜻이 되도록 괄호 안에서 알맞은 것을 고르세요.

1. 저 별이 이 별보다 더 밝다.
   → That star is (brighter / the brightest) than this star.

2. 그것은 그 나라에서 가장 큰 섬이다.
   → It is (larger / the largest) island in the country.

3. 이것은 그 작가의 최고의 소설이다.
   → This is the writer's (better / best) novel.

4. 나는 삶은 달걀보다 달걀 프라이를 더 좋아한다.
   → I like fried eggs (more / most) than boiled eggs.

5. 오늘은 올겨울에 가장 추운 날이다.
   → Today is (colder / the coldest) day this winter.

6. 이 자전거가 이 가게에서 가장 비싸다.
   → This bicycle is (expensive / the most expensive) in this store.

E 우리말 뜻을 참고하여 틀린 부분을 찾아 바르게 고치세요.

1. This was the more interesting movie of 2021. 이것은 2021년에 가장 재미있는 영화였다.
   _____ → _____

2. Mike is oldest of the three brothers. 마이크는 삼 형제 중 첫째다.
   _____ → _____

3. It is the bigest city in Europe. 그것은 유럽에서 가장 큰 도시다.
   _____ → _____

4. She is the happyest person in the world today. 그녀는 오늘 세상에서 가장 행복한 사람이다.
   _____ → _____

5. It was the baddest day of my life. 그날은 내 평생에 최악의 날이었다.
   _____ → _____

F 우리말과 같은 뜻이 되도록 주어진 형용사나 부사의 최상급을 사용하여 문장을 완성하세요.

1. 그녀는 그 반에서 가장 똑똑한 여자아이다. (smart)

   → She is _____ girl in the class.

2. 그는 영어를 가장 열심히 공부한다. (hard)

   → He studies English _____ .

3. 이것이 셋 중에서 가장 재미있다. (interesting)

   → This is _____ of the three.

4. 비행기, 기차, 자전거 중에서 자전거가 가장 느리다. (slow)

   → Bicycles are _____ among airplanes, trains, and bicycles.

5. 이것이 작년에 가장 인기 있는 노래였다. (popular)

   → This was _____ song last year.

Challenge!
G 주어진 형용사의 최상급을 사용하여 우리말과 같은 뜻의 영어 문장을 쓰세요. (동사는 알맞은 형태로 바꾸고, 필요한 단어들을 추가하세요.)

1. 기린이 가장 긴 목을 갖고 있다. (giraffes, have, long, neck)

   → _____

2. 오늘은 올해에 가장 더운 날이다. (today, hot, day of the year)

   → _____

3. 그것은 내 삶에서 가장 중요한 것이다. (important, thing, in my life)

   → _____

4. 모든 음식들 중 이게 가장 맛있다. (this, delicious, of all the foods)

   → _____

5. 우리 집에서 우리 언니 방이 가장 깨끗하다. (my sister's room, clean, in my house)

   → _____

UNIT 1 명령문과 제안문

A 다음 영어 단어에는 우리말 뜻을 쓰고, 우리말 뜻에는 영어 단어를 쓰세요.

	단어	우리말 뜻		우리말 뜻	단어
1	close		16	이용하다, 사용하다	
2	during		17	켜다	
3	kick		18	끄다	
4	magazine		19	해보다, 시도하다, 노력하다	
5	pick		20	손대다, 만지다	
6	quiet		21	함께	
7	restroom		22	극장	
8	rude		23	무례한	
9	theater		24	화장실	
10	together		25	조용한	
11	touch		26	(꽃을) 꺾다	
12	try		27	잡지	
13	turn off		28	(발로) 차다	
14	turn on		29	~ 동안	
15	use		30	닫다	

B POINT를 참고하여 우리말 뜻에 맞게 괄호 안에서 알맞은 것을 고르세요.

POINT

• **Open** the window.

명령문은 '~해라, ~하세요'라고 상대방에게 어떤 행동을 지시할 때 쓰는 문장이다. 주어 없이 동사원형으로 시작한다.

• **Don't open** the window.

'~하지 마라'라는 부정 명령문은 주어 없이 Do not(= Don't) 뒤에 동사원형을 쓴다.

1. 저녁 먹기 전에 손을 씻어라.

   → (Wash / Washing) your hands before dinner.

2. 매일 책을 읽어라.

   → (You read / Read) a book every day.

3. 아이스크림을 너무 많이 먹지 마라.

   → (Not eat / Don't eat) too much ice cream.

4. 다시는 학교에 늦지 마라.

   → (Not to be / Don't be) late for school again.

C POINT를 참고하여 우리말 뜻에 맞게 괄호 안에서 알맞은 것을 고르세요.

POINT

• **Let's go** to the movies this Saturday.

제안문은 '~하자'라고 제안하거나 권유하는 문장으로, Let's로 시작한다. Let's 뒤에는 동사원형을 쓴다.

• **Let's not eat** out tonight. | '~하지 말자'라는 표현은 <Let's not+동사원형 ~.>으로 쓴다.

1. 내일 오후 5시에 만나자.

   → (Meet / Let's meet) at 5 p.m. tomorrow.

2. 같이 넷플릭스로 영화 보자.

   → Let's (watch / watching) a movie on Netflix together.

3. 저녁으로 면 요리 먹지 말자.

   → (Let's eat not / Let's not eat) noodles for dinner.

4. 여기서 사진 찍지 말자.

   → (Let's not take / Don't let's take) pictures here.

D 우리말과 같은 뜻이 되도록 주어진 동사를 사용하여 문장을 완성하세요.

1. 여기서 잠깐 기다려. (wait)

→ _____ here for a second.

2. 지하철에서 떠들지 마. (make)

→ _____ noise on the subway.

3. 공원에서 산책하자. (take)

→ _____ a walk in the park.

4. 그 일은 걱정하지 마. (worry)

→ _____ about it.

5. 오늘 찰스네 집에 가지 말자. (go)

→ _____ to Charles' house today.

6. 일주일에 적어도 두 번은 운동을 하렴. (exercise)

→ _____ at least twice a week.

E 우리말 뜻을 참고하여 틀린 부분을 찾아 바르게 고치세요.

1. To clean your room right now. 당장 네 방 청소해.

_____ → _____

2. Not speak ill of others. 다른 사람들의 험담을 하지 마라.

_____ → _____

3. Let have a sandwich for lunch. 점심으로 샌드위치 먹자.

_____ → _____

4. Don't let play soccer today. 오늘은 축구 하지 말자.

_____ → _____

5. Taking your umbrella with you. 네 우산 가져가.

_____ → _____

주어진 단어들을 사용하여 우리말과 같은 뜻의 영어 명령문이나 제안문을 쓰세요. (필요한 단어들을 추가하세요.)

1. 오늘은 일찍 자렴. (go to bed, early)

→ _____

2. 내년 봄에 스페인으로 여행 가자. (travel, to Spain, next)

→ _____

3. 침대에서 과자 먹지 마. (snacks, on the bed)

→ _____

4. 밤늦게 음식을 먹지 말자. (late at night)

→ _____

5. 물 한 병과 샌드위치 하나를 사라. (a bottle of water, a sandwich)

→ _____

6. 차가운 물을 너무 많이 마시지 마라. (too much cold water)

→ _____

7. 이번 주말에는 외출하지 말자. (go out, this weekend)

→ _____

8. 아침 8시 전에는 일어나라. (wake up, before, in the morning)

→ _____

9. 모바일 게임을 너무 오래 하지 마라. (mobile games, too long)

→ _____

10. 수업 끝나고 문구점에 가자. (to the stationery store, after school)

→ _____

UNIT 2 접속사로 연결되는 문장

A 다음 영어 단어에는 우리말 뜻을 쓰고, 우리말 뜻에는 영어 단어를 쓰세요.

	단어	우리말 뜻		우리말 뜻	단어
1	act		16	두 번	
2	ask		17	피곤한	
3	be good at		18	어떤 것, 무엇인가	
4	be poor at		19	졸린	
5	bloom		20	아픈	
6	finish		21	뮤지컬	
7	hungry		22	사랑스러운	
8	knock		23	노크하다	
9	lovely		24	배고픈	
10	musical		25	끝내다	
11	sick		26	꽃이 피다	
12	sleepy		27	~를 못하다	
13	something		28	~를 잘하다	
14	tired		29	부탁하다, 요청하다	
15	twice		30	행동하다	

B POINT를 참고하여 괄호 안에서 알맞은 접속사를 고르세요.

> **POINT**
>
> - Daniel lives in Germany, **and** Alberto lives in Italy.
>   서로 비슷한 내용을 연결할 때는 and(그리고, ~하고)를 쓴다.
> - John is hungry, **but** I am not. │ 서로 반대되는 내용을 연결할 때는 but(그러나, 하지만)을 쓴다.
> - I'll cook, **or** I'll eat out. │ 여러 개 중 하나를 선택할 때는 or(또는, 아니면, ~하거나)를 쓴다.

1. David is tall, (and / but) his brother is short.

2. I usually read books (or / but) watch TV after dinner.

3. He had a lot of money, (or / but) he was not happy.

4. I am working, (and / or) my cat is sleeping next to me.

5. This food is delicious, (and / but) it is good for our health.

6. Will you stay home, (and / or) will you go out this weekend?

C POINT를 참고하여 우리말 뜻에 맞게 괄호 안에서 알맞은 접속사를 고르세요.

> **POINT**
>
> - I go to bed early **when** I feel tired. │ when은 '~할 때'라는 뜻이다.
> - You should knock **before** you enter. │ before는 '~하기 전에'라는 뜻이다.
> - She took a shower **after** she exercised. │ after는 '~하고 나서, ~한 후에'라는 뜻이다.

1. I left the library (before / after) it closed.
   나는 도서관이 문을 닫기 전에 나왔다.

2. He lived in Mokpo (after / when) he was in elementary school.
   그는 초등학교에 다닐 때 목포에 살았다.

3. What are you going to do (before / after) you graduate from college?
   당신은 대학을 졸업한 다음에 무엇을 할 생각인가요?

4. They were already at the station (after / when) I arrived there.
   내가 도착했을 때 그들은 벌써 역에 와 있었다.

5. You have to warm up (after / before) you exercise.
   운동을 하기 전에 준비운동을 해야 한다.

D POINT를 참고하여 우리말 뜻에 맞게 괄호 안에서 알맞은 접속사를 고르세요.

> **POINT**
>
> • He had a stomachache, **so** he took medicine.
>
> so는 '그래서, ~해서'라는 뜻으로, 앞의 문장이 원인이고 뒤의 문장이 결과이다.
>
> • He took medicine **because** he had a stomachache.
>
> because는 '~하기 때문에'라는 뜻으로, 앞의 문장이 결과이고 because가 이끄는 문장이 원인이다.

1. I slept early (so / because) I was tired.
   나는 피곤했기 때문에 일찍 잤다.

2. He likes eggs, (so / because) he eats them every day.
   그는 달걀을 좋아해서 매일 먹는다.

3. She hates summer (so / because) she can't stand the heat.
   그녀는 더위를 못 견디기 때문에 여름을 싫어한다.

4. It was very hot, (so / because) I turned on the air conditioner.
   너무 더워서 나는 에어컨을 켰다.

E 우리말 뜻을 참고하여 밑줄 친 부분을 바르게 고치세요.

1. I like dogs and cats <u>after</u> they are cute.   → _____
   나는 강아지와 고양이가 귀여워서 좋아한다.

2. I can go to school by bus <u>but</u> by subway.   → _____
   나는 버스나 지하철로 학교에 갈 수 있다.

3. He cleaned the house <u>after</u> he went out.   → _____
   그는 외출하기 전에 집을 청소했다.

4. I like vegetables, <u>and</u> I don't eat mushrooms.   → _____
   나는 채소를 좋아하지만 버섯은 먹지 않는다.

5. He cannot do it <u>so</u> he is very busy these days.   → _____
   그는 요즘 너무 바빠서 그 일을 할 수 없다.

6. She lived in Suwon <u>but</u> she was 10 years old.   → _____
   그녀는 열 살 때 수원에 살았다.

주어진 표현들과 알맞은 접속사를 사용하여 우리말과 같은 뜻의 영어 문장을 쓰세요. (필요한 단어들을 추가하세요.)

1. 나는 그를 좋아하고 그도 나를 좋아한다. (like him, likes me, too)

→ _____

2. 나는 잠자리에 들기 전에 요가를 한다. (do yoga, go to bed)

→ _____

3. 그는 시험에 떨어졌지만 포기하지 않았다. (failed the test, didn't give up)

→ _____

4. 그녀는 어렸을 때 채소를 먹지 않았다. (eat vegetables, was young)

→ _____

5. 눈이 많이 와서 그는 운전을 하지 않았다. (it snowed a lot, didn't drive)

→ _____

6. 비가 왔기 때문에 나는 창문을 닫았다. (closed the window, it rained)

→ _____

7. 나는 극장에 갔지만 표가 매진이었다. (to the theater, the tickets were sold out)

→ _____

8. 그녀가 금메달을 땄을 때 모두가 기뻐했다.

(everyone was happy, won the gold medal)

→ _____

9. 나랑 배드민턴 칠래, 아니면 집에서 TV 볼래?

(will you, play badminton with me, watch TV at home)

→ _____

10. 우리 엄마는 저녁 식사를 하고 나서 30분 동안 걸으신다.

(my mom, walks for 30 minutes, has dinner)

→ _____

UNIT **1** 동명사

A 다음 영어 단어에는 우리말 뜻을 쓰고, 우리말 뜻에는 영어 단어를 쓰세요.

	단어	우리말 뜻		우리말 뜻	단어
1	boring		16	날개	
2	chopstick		17	치료하다	
3	fly		18	생각하다	
4	grow		19	오징어	
5	history		20	새우	
6	map		21	옳은, 맞는	
7	penguin		22	규칙적으로	
8	plant		23	식물	
9	regularly		24	펭귄	
10	right		25	지도	
11	shrimp		26	역사	
12	squid		27	기르다	
13	think		28	날리다, 날다	
14	treat		29	젓가락	
15	wing		30	지루한	

B POINT를 참고하여 괄호 안에서 알맞은 것을 고르세요.

- **Reading** books is Emily's hobby.

동명사는 명사처럼 문장의 주어로 쓰일 수 있다. '~하는 것은[이]'이라고 해석하고 단수로 취급한다.

- Emily's hobby is **reading** books. | 동명사는 be동사 뒤에서 보어로 쓰인다. '~하는 것(이다)'으로 해석한다.

1. (Talk / Talking) with James is fun.
   제임스와 대화하는 것은 재미있다.

2. Her job is (make / making) shoes.
   그녀의 직업은 신발을 만드는 것이다.

3. (Protect / Protecting) your health is important.
   건강을 지키는 것이 중요하다.

4. My dog's favorite activity is (play / playing) with a ball.
   내 강아지가 가장 좋아하는 활동은 공을 가지고 노는 것이다.

C POINT를 참고하여 괄호 안에서 알맞은 것을 고르세요.

- I **enjoy** **watching** movies.
  She **finished** **doing** her homework.

동명사는 동사 뒤에서 목적어로도 쓰인다. '~하는 것을'이라고 해석한다.
enjoy(즐기다), stop(멈추다), finish(끝내다), keep(계속해서 ~하다), give up(그만두다, 포기하다), like/love(좋아하다),
begin/start(시작하다) 등의 동사 뒤에 동명사가 목적어로 온다.

1. You should not give up (try / trying).
   너는 시도하는 걸 포기하면 안 된다.

2. She enjoys (went / going) camping with her dog.
   그녀는 개와 함께 캠핑 가는 걸 즐긴다.

3. He kept (worrying / worries) about the matter.
   그는 그 문제에 대해 계속 걱정했다.

4. Did Tom finish (paint / painting) the wall?
   톰은 벽에 페인트칠하는 것을 끝냈나요?

5. My brother likes (cooking / cooks).
   우리 형은 요리하는 것을 좋아한다.

D 주어진 동사의 알맞은 형태를 빈칸에 써서 문장을 완성하세요.

1. Did you finish _____ the letter? (write)
   편지 다 썼니?

2. His habit is _____ with the light on. (sleep)
   그의 습관은 불을 켜두고 자는 것이다.

3. _____ math problems is not easy. (solve)
   수학 문제를 푸는 것은 쉽지 않다.

4. Jessica enjoys _____ detective novels. (read)
   제시카는 탐정 소설 읽는 걸 즐긴다.

5. _____ up early in the morning is difficult. (get)
   아침에 일찍 일어나는 것은 어렵다.

6. They stopped _____ when the teacher came in. (talk)
   그들은 선생님이 들어오셨을 때 이야기하는 것을 멈추었다.

E 우리말 뜻을 참고하여 틀린 부분을 찾아 바르게 고치세요.

1. I like watch soccer games. 나는 축구 경기 보는 것을 좋아한다.
   _____ → _____

2. He gave up learns Chinese. 그는 중국어 배우는 것을 포기했다.
   _____ → _____

3. Make pasta is not so difficult. 파스타를 만드는 것은 그리 어렵지 않다.
   _____ → _____

4. She began learned Taekwondo. 그녀는 태권도를 배우기 시작했다.
   _____ → _____

5. Did he finish clean the bathroom? 그는 욕실 청소를 끝냈나요?
   _____ → _____

6. They enjoyed played with the cats. 그들은 고양이들과 노는 걸 즐겼다.
   _____ → _____

주어진 단어들을 사용하여 우리말과 같은 뜻의 영어 문장을 쓰세요. (동사는 알맞은 형태로 바꾸고, 필요한 단어들을 추가하세요.)

1. 나는 자전거 타는 것을 좋아한다. (like, ride, a bicycle)

→ _____

2. 매일 운동을 하는 것은 쉽지 않다. (exercise, every day, easy)

→ _____

3. 최선을 다하는 걸 포기하지 마라. (give up, do your best)

→ _____

4. 내가 제일 좋아하는 활동은 종이접기다. (favorite activity, fold papers)

→ _____

5. 너 그 뮤지컬 재미있게 봤니? (enjoy, watch, the musical)

→ _____

6. 너 그 여자아이 계속 기다릴 거야? (will, keep, wait for, the girl)

→ _____

7. 그녀는 2년 전에 그림을 그리기 시작했다. (start, paint, two years ago)

→ _____

8. 전화벨이 울려서 나는 운동하던 걸 멈췄다. (the phone, ring, and, stop, exercise)

→ _____

9. 그들은 크리스마스트리 장식하는 것을 끝냈다. (finish, decorate, the Christmas tree)

→ _____

10. 늦게 잠자리에 드는 것은 건강에 좋지 않다. (go to bed, late, good for your health)

→ _____

UNIT 2 to부정사

A 다음 영어 단어에는 우리말 뜻을 쓰고, 우리말 뜻에는 영어 단어를 쓰세요.

	단어	우리말 뜻		우리말 뜻	단어
1	become		16	~ 없이	
2	college		17	수의사	
3	designer		18	돌아오다	
4	fix		19	식당	
5	future		20	(여자) 조카	
6	healthy		21	음악가	
7	invent		22	잃다, 잃어버리다	
8	lawyer		23	변호사	
9	lose		24	발명하다	
10	musician		25	건강한	
11	niece		26	미래; 미래의	
12	restaurant		27	고치다, 수리하다	
13	return		28	디자이너	
14	vet		29	대학(교)	
15	without		30	~이 되다	

B POINT를 참고하여 괄호 안에서 알맞은 것을 고르세요.

> **POINT**
>
> 동사원형 앞에 to를 쓴 형태인 to부정사는 '~하는 것, ~하기'라는 의미로, 명사처럼 문장에서 주어, 보어, 목적어로 쓰인다.
>
> - **To exercise** is good for health. 문장의 주어로 쓰인다.
> - My wish is **to meet** the writer. be동사 뒤에서 보어로 쓰인다.
> - She wants **to learn** ballet.
>
> want, hope, wish, learn, decide, plan, like, love, begin, start 등의 동사 뒤에 목적어로 온다.

1. My goal for this vacation is (read / to read) 10 books.
   이번 방학 동안 내 목표는 책을 10권 읽는 것이다.

2. I want (visit / to visit) the Museum of Modern Art in New York.
   나는 뉴욕의 현대미술관을 방문하고 싶다.

3. They are planning (holding / to hold) a Christmas party.
   그들은 크리스마스 파티를 열 계획을 세우고 있다.

4. John learned (playing / to play) the violin when he was young.
   존은 어렸을 때 바이올린을 배웠다.

C POINT를 참고하여 우리말 뜻에 맞게 괄호 안에서 알맞은 것을 고르세요.

> **POINT**
>
> - I got up early **to take** the first train.
>
>   to부정사는 '~하기 위하여, ~하려고, ~하러'라는 의미로 쓰이기도 한다.
>
> - Sandy ran **not to be** late for the meeting.
>
>   그 반대 의미인 '~하지 않기 위하여, ~하지 않으려고'는 to부정사 앞에 not을 쓴다.

1. He went to the theater (see / to see) the movie.
   그는 그 영화를 보기 위해 극장에 갔다.

2. I came to this bakery (to buy / buying) some bread.
   나는 빵을 좀 사러 이 빵집에 왔다.

3. She walked slowly (to not fall / not to fall).
   그녀는 넘어지지 않으려고 천천히 걸었다.

4. Andy ran (not to miss / don't to miss) the bus.
   앤디는 그 버스를 놓치지 않으려고 달렸다.

D 괄호 안에서 알맞은 것을 고르세요.

1. We hope (to visit / visiting) Africa some day.
   우리는 언젠가 아프리카에 가보고 싶다.

2. The children enjoyed (to skate / skating) in the square.
   그 아이들은 광장에서 스케이트 타는 것을 즐겼다.

3. She began (to write / write) in her diary every day.
   그녀는 매일 일기를 쓰기 시작했다.

4. I finished (to read / reading) the writer's new book.
   나는 그 작가의 새 책을 다 읽었다.

5. Diane likes (to draw / draws) pictures.
   다이앤은 그림 그리는 것을 좋아한다.

6. I learned (to ride / riding) a bicycle from my father.
   나는 아빠한테 자전거 타는 법을 배웠다.

E 우리말 뜻을 참고하여 틀린 부분을 찾아 바르게 고치세요.

1. The girl wants having the doll. 그 소녀는 그 인형을 가지고 싶어 한다.
   _____ → _____

2. He began talk about the accident. 그는 그 사고에 대해 이야기하기 시작했다.
   _____ → _____

3. I went to a pet shop buying cat food. 나는 고양이 사료를 사러 반려동물 용품점에 갔다.
   _____ → _____

4. She planned grow plants in the garden. 그녀는 정원에서 식물을 키울 계획을 세웠다.
   _____ → _____

5. Tommy got up early to not be late for school. 토미는 학교에 늦지 않으려고 일찍 일어났다.
   _____ → _____

6. He decided studying design at university. 그는 대학교에서 디자인을 공부하기로 결심했다.
   _____ → _____

주어진 단어들과 to부정사를 사용하여 우리말과 같은 뜻의 영어 문장을 쓰세요. (동사는 알맞은 형태로 바꾸고, 필요한 단어들을 추가하세요.)

1. 나의 꿈은 우주비행사가 되는 것이다. (dream, become, an astronaut)

→ _____

2. 그녀는 작년에 스키 타는 법을 배웠다. (learn, ski, last year)

→ _____

3. 그들은 서울로 이사할 계획을 세웠다. (plan, move, to Seoul)

→ _____

4. 그는 5킬로그램을 빼기로 결심했다. (decide, lose, five kilograms)

→ _____

5. 그들은 고향에 돌아가기를 소망한다. (hope, go back, to their hometown)

→ _____

6. 그 소녀는 노래 부르고 춤추는 것을 무척 좋아한다. (the girl, love, sing and dance)

→ _____

7. 그녀는 태블릿 PC를 사기 위해 돈을 모으고 있다. (save money, buy a tablet PC)

→ _____

8. 나는 같은 실수를 또 하지 않기 위해 노력한다. (try, make the same mistake again)

→ _____

9. 그는 달걀 프라이를 하기 위해 가스레인지를 켰다. (turn on the gas stove, fry eggs)

→ _____

10. 그들은 아기를 깨우지 않으려고 작은 소리로 이야기했다. (talk quietly, wake the baby up)

→ _____

UNIT 1 문장 성분

A 다음 영어 단어에는 우리말 뜻을 쓰고, 우리말 뜻에는 영어 단어를 쓰세요.

	단어	우리말 뜻		우리말 뜻	단어
1	capital		16	목소리	
2	cheer		17	감동한	
3	festival		18	스포츠	
4	excited		19	태양계	
5	exciting		20	빛나다, 반짝이다	
6	global		21	무지개	
7	journalist		22	행성	
8	law		23	법	
9	planet		24	기자	
10	rainbow		25	국제적인	
11	shine		26	신나는, 흥미진진한	
12	solar system		27	신이 난, 흥분한	
13	sports		28	축제	
14	touched		29	응원하다	
15	voice		30	수도	

B POINT를 참고하여 각 문장에서 주어에는 동그라미, 동사에는 네모 표시를 하세요.

> **POINT**
>
> • **Daniel** lives in Seattle.　**The girls** are playing volleyball.
>
> 주어는 행동의 주체가 되는 말로, '누가/무엇이 ~하다/이다'에서 '누가/무엇이'에 해당한다. 보통 문장 맨 앞, 동사 앞에 온다.
>
> • Daniel **lives** in Seattle.　The girls **are playing** volleyball.
>
> 동사는 주어의 행동이나 상태를 나타내는 말로 '~하다/이다'에 해당하는 말이다. 보통 주어 뒤에 온다.

1. The sun sets in the west. 해는 서쪽으로 진다.

2. Polar bears live in the Arctic Circle. 북극곰은 북극권에 산다.

3. The musician died at the age of 52. 그 음악가는 52세의 나이에 세상을 떠났다.

4. My mother and father first met in 2003. 우리 엄마와 아빠는 2003년에 처음 만나셨다.

5. John's father watches TV all day on Sundays. 존의 아버지는 일요일에 하루 종일 TV를 본다.

6. Benjamin eats pancakes every Saturday. 벤저민은 토요일마다 팬케이크를 먹는다.

C POINT를 참고하여 각 문장에서 목적어에는 동그라미, 보어에는 네모 표시를 하세요.

> **POINT**
>
> • I don't know **the man**.　Jennifer likes **movies** very much.
>
> 목적어는 동사의 행동의 대상이 되는 말로, '누가 ~을/를 …하다'에서 '~을/를'에 해당하는 말이다. 동사 뒤에 온다.
>
> • Eddie is **Canadian**.　The strawberries are **sweet**.
>
> 보어는 주어를 보충해서 설명해 주는 말로, '~는 …이다/(어떠)하다'에서 '…이다/(어떠)하다'에 해당하는 말이다.

1. Whales are mammals. 고래는 포유류다.

2. I first met him 10 years ago. 나는 그를 10년 전에 처음 만났다.

3. It's hot and humid today. 오늘은 덥고 습하다.

4. My mother grows trees and flowers. 우리 엄마는 나무와 꽃들을 기르신다.

5. This novel is interesting and touching. 이 소설은 재미있고 감동적이다.

6. Anne drinks soy milk every morning. 앤은 매일 아침 두유를 마신다.

D POINT를 참고하여 각 문장에서 수식어에 동그라미 하고, 수식어가 꾸며주는 말에 밑줄을 그으세요.

> **POINT**
> • The cat has **yellow** eyes.   The boy reads books **fast.**
>
> 수식어는 다른 단어를 꾸며서 의미를 더 구체적으로 만들어주는 말이다. 필수 요소가 아니므로 생략해도 된다.

1. There are some bright stars in the sky. 하늘에 밝은 별들이 떠 있다.

2. The girl has brown hair and blue eyes. 그 여자아이는 머리가 갈색이고 눈은 푸른색이다.

3. Oliver eats hamburgers quickly. 올리버는 햄버거를 빨리 먹는다.

4. Julia goes to school by bus. 줄리아는 버스를 타고 학교에 간다.

5. I entered elementary school in 2017. 나는 2017년에 초등학교에 입학했다.

6. He is a world-famous singer. 그는 세계적으로 유명한 가수다.

E 밑줄 친 부분의 문장 성분(주어, 동사, 목적어, 보어)을 표시하세요.

1. Her favorite food is pasta. 그녀가 가장 좋아하는 음식은 파스타다.
   (   )   동사 보어

2. The child likes the teddy bear very much. 그 아이는 그 곰 인형을 무척 좋아한다.
   주어 (   ) (   )

3. His dream is to become a scientist. 그의 꿈은 과학자가 되는 것이다.
   (   ) 동사   (   )

4. Emily decided to buy a blue T-shirt. 에밀리는 파란색 티셔츠를 사기로 결정했다.
   (   ) 동사   (   )

5. The man is always tired in the evening. 그 남자는 저녁이면 늘 피곤하다.
   주어 (   ) (   )

6. James made a tuna sandwich for lunch. 제임스는 점심 식사로 참치 샌드위치를 만들었다.
   (   ) 동사   (   )

Challenge!

F 주어진 단어들을 알맞은 자리에 넣어 우리말과 같은 뜻의 영어 문장을 완성하세요. (동사는 알맞은 형태로 바꾸세요.)

1. 수빈이는 2021년에 한국으로 돌아왔다. (Subin, in 2021, to Korea, return)

→ _____ _____ _____.
　　　　주어　　　　　　동사　　　　　　　　　수식어

2. 서울은 국제적인 도시다. (Seoul, an international city, be)

→ _____ _____ _____.
　　　　주어　　　　　　동사　　　　　　　　　보어

3. 그는 팔과 다리가 길다. (have, arms and legs, he, long)

→ _____ _____ _____.
　　　　주어　　　　　　동사　　　　　　　　　목적어

4. 3월에는 밤에는 춥다. (cold, be, at night in March, it)

→ _____ _____ _____ _____.
　　　주어　　　　　동사　　　　보어　　　　　　　수식어

5. 그 소녀는 모든 걸 빠르게 배운다. (quickly, the girl, everything, learn)

→ _____ _____ _____ _____.
　　　주어　　　　　동사　　　　목적어　　　　　　수식어

6. 나의 고양이는 내 무릎에서 낮잠 자는 걸 좋아한다. (my cat, to nap, on my lap, like)

→ _____ _____ _____.
　　　　주어　　　　　　동사　　　　　　　　　목적어

7. 나는 저녁을 먹기 전에 숙제를 끝냈다. (finish, do, my homework, before dinner, I)

→ _____ _____ _____ _____.
　　　주어　　　　　동사　　　　목적어　　　　　　수식어

8. 우리의 목표는 그 산 정상에 오르는 것이다.

(our goal, to reach, the top of the mountain, be)

→ _____ _____ _____.
　　　주어　　　　　동사　　　　　　　　보어

52

UNIT 2 품사, 구와 절

A 다음 영어 단어에는 우리말 뜻을 쓰고, 우리말 뜻에는 영어 단어를 쓰세요.

	단어	우리말 뜻		우리말 뜻	단어
1	ago		16	멋진, 훌륭한	
2	between		17	금성	
3	grow up		18	천왕성	
4	happiness		19	때때로, 가끔	
5	Mars		20	토성	
6	Neptune		21	위성	
7	noodle		22	둥근; ~을 돌아, ~ 둘레에	
8	ostrich		23	타조	
9	round		24	국수	
10	satellite		25	해왕성	
11	Saturn		26	화성	
12	sometimes		27	행복	
13	Uranus		28	자라다, 성장하다	
14	Venus		29	~ 사이에	
15	wonderful		30	~ 전에	

B POINT를 참고하여 각 문장에서 밑줄 친 단어의 품사를 빈칸에 쓰세요.

1. There is a <u>laptop</u> on the desk.   (   )

2. This is the most <u>surprising</u> story.   (   )

3. The students had to clean <u>their</u> classroom.   (   )

4. You must be home <u>before</u> 9 in the evening.   (   )

5. The children <u>are eating</u> snacks on the lawn.   (   )

6. It is <u>really</u> cold today.   (   )

7. My father was cooking <u>when</u> I got home.   (   )

C POINT를 참고하여 각 문장에서 밑줄 친 부분이 구인지 절인지 쓰세요.

1. They are having a barbecue <u>in the backyard</u>.   (   )

2. Let's take a walk after <u>the rain stops</u>.   (   )

3. I want <u>to travel around the world</u>.   (   )

4. He was really hungry, so <u>he ate three hamburgers</u>.   (   )

5. She kept talking about <u>her trip to Egypt</u>.   (   )

6. I feel bored when <u>I read this novel</u>.   (   )

D 주어진 단어들을 품사에 따라 알맞은 자리에 써 넣으세요.

finger	she	when	very	in	soft	explain
wow	rice	because	run	exciting	under	their
speak	slowly	tree	bravo	at	ours	sing
quiet	from	desk	happy	oops	really	and

1. 명사 _____

2. 대명사 _____

3. 동사 _____

4. 형용사 _____

5. 부사 _____

6. 전치사 _____

7. 접속사 _____

8. 감탄사 _____

E 왼쪽과 오른쪽을 바르게 짝지어 문장을 완성하세요.

1. Driving on a snowy day   •   ⓐ teaching math to students.

2. Her job is   •   ⓑ before you leave the house.

3. Who is the boy   •   ⓒ but I don't like it.

4. Lock the door   •   ⓓ can be dangerous.

5. He likes ice cream,   •   ⓔ when you get back home.

6. You must wash your hands   •   ⓕ next to Bill?

빈칸에 알맞은 품사의 영어 단어를 넣어 우리말과 같은 뜻의 영어 문장을 완성하세요.

1. 나는 토요일마다 친구들과 함께 야구를 한다.

→ I _____ baseball _____ my friends every _____.
　　　동사　　　　　　　　　　전치사　　　　　　　　　　　명사

2. 머리를 감기 전에 빗으세요.

→ Brush _____ hair _____ you _____ it.
　　　　　대명사　　　　　　접속사　　　　　동사

3. 나는 제임스보다는 키가 크지만 앤디보다는 키가 작다.

→ I _____ _____ than James, _____ shorter than Andy.
　　　동사　　　형용사　　　　　　　　　접속사

4. 나는 밤에 음악을 들으며 책을 읽는 것을 즐긴다.

→ I _____ listening to _____ and reading books _____ night.
　　동사　　　　　　　　명사　　　　　　　　　　　　전치사

5. 우와! 단풍이 정말 아름답네!

→ _____! The autumn leaves are _____ _____!
　　감탄사　　　　　　　　　　　　　　부사　　　　형용사

6. 2021년에는 약 79억 명의 사람들이 전 세계에 살았다.

→ _____ 2021, about 7.9 billion _____ _____ in the world.
　　전치사　　　　　　　　　　　　　　　명사　　　동사

7. 어머니날에 나는 늘 엄마와 함께 외식을 한다.

→ _____ Mother's Day, I _____ _____ out with _____ mother.
　　전치사　　　　　　　　　부사　　동사　　　　　　대명사

8. 나는 어제 머리가 아파서 일찍 잤다.

→ I _____ to bed _____ yesterday _____ ____ had a headache.
　　동사　　　　　　부사　　　　　　　접속사　대명사

56

기적의 초등 영문법 3

정답과 해석

Chapter 1 미래형

Step 3. 술술 쓰기가 되는 문장 연습 ······ p.14

Unit 1. 미래형 긍정문

Step 1. 기초 탄탄 연습 ······ p.11

A

1. I'll   2. You'll   3. She'll
4. It'll   5. We'll   6. They'll

B

1. snow   2. listen   3. to play
4. bake

C

2, 4, 6, 7

Step 2. 규칙 적용 연습 ······ p.12

A

1. I'll study English hard.
2. She is going to visit Mr. Kim.
3. Paul will wash his car.
4. We are going to play soccer tomorrow.
5. They will eat out this evening.

B

1. will call   2. will buy   3. will cook
4. will travel 5. will spend

C

1. are going to take   2. is going to arrive
3. are going to raise   4. is going to study
5. am going to go

D

1. is → be
2. plays → play
3. are → am
4. meets → will meet / is going to meet
5. return → to return

A

1. She will watch the cartoon.
2. I am going to wash the shirt today.
3. My family will go on a picnic.
4. He is going to ride a bicycle along the river.
5. The boys are going to dance on the stage.

B

1. It will be sunny tomorrow.
2. We are going to go camping this Saturday.
3. She will graduate from middle school next month.
4. I am going to visit my grandma this Sunday.
5. My dad is going to wash the dishes.

C

will, get, up / will, walk / will, exercise / will, study / will, draw / will, watch

해석

내일 일정
나는 아침 7시에 일어날 것이다.
오전 9시에 내 강아지를 산책시킬 것이다.
오전 11시에 헬스클럽에서 운동할 것이다.
오후 1시에 수학을 공부할 것이다.
오후 4시에 그림을 그릴 것이다.
저녁 8시에 매우 좋아하는 TV 프로그램을 볼 것이다.

D

am, going, to, go / will, ride / will, see / are, going, to, eat

해석

나의 이번 주 토요일 계획
나는 이번 주 토요일에 친구들과 놀이공원에 갈 것이다. 우리는 롤러코스터와 대관람차, 회전목마 같은 놀이 기구를 탈 것이다. 여러 동물들을 볼 것이다. 핫도그를 먹을 것이다. 너무 기다려진다!

Unit 2. 미래형 부정문

A

1. ② 2. ② 3. ② 4. ② 5. ②

B

1. will 2. isn't 3. won't
4. are

C

1. won't 2. He's 3. aren't
4. They're

A

1. will not eat / won't eat
2. will not play / won't play
3. will not forget / won't forget
4. will not visit / won't visit
5. will not wait / won't wait

B

1. am not going to take / am going to take
2. will not be / will be
3. is not going to / is going to brush
4. are not going to move / are going to move

C

1. am not going to study 2. is not going to go
3. are not going to play 4. is not going to get
5. are not going to have

D

1. will not take a walk / won't take a walk
2. am not going to write a letter
3. is not going to work out / isn't going to work out
4. will not change her mind / won't change her mind
5. are not going to go on a picnic / aren't going to go on a picnic

A

1. I will not talk with him again.
2. I am not going to wear blue jeans today.

3. She will not take pictures at the park.
4. He is not going to arrive at 7 p.m.
5. We are not going to have a party on Christmas Day.

B

1. He won't eat pizza for lunch.
2. Jisu will not study in the U.S.
3. We are not going to sing and dance that day.
4. They will not play outside on a snowy day.
5. I am not going to travel to Japan next year.

C

will not go / won't go
will not drink / won't drink
will not be / won't be
will not fight / won't fight
will not play / won't play

[해석]
나는 늦게 자지 않을 것이다.
잭은 탄산음료를 많이 마시지 않을 것이다.
미나는 학교에 늦지 않을 것이다.
신디는 남동생과 싸우지 않을 것이다.
이안과 톰은 2시간 넘게 모바일 게임을 하지 않을 것이다.

D

is going to have
is going to ride
is not going to read / isn't going to read
is going to play
is not going to go / isn't going to go

[해석]
에이미의 다음 주 스케줄
수요일
- 바이올린 강습 받기
- 책 읽기
목요일
- 미나랑 자전거 타기
금요일
- 배드민턴 치기
- 수영하러 가기
토요일
- 엄마랑 쇼핑 가기

Unit 3. 미래형 의문문

A

1. Will you wear the hat?
2. Is she going to meet Ted?
3. Are you going to call me today?
4. Will they leave tomorrow?

B

1. Yes, he will.   2. No, he won't.
3. Yes, he will.   4. Yes, he will.

A

1. Are, to / am
2. Is, going / he's, not[he, isn't]
3. Is, going / is
4. going, to / they're, not[they, aren't]
5. Are, going / they, are

B

1. I, will
2. she, is
3. he, won't
4. they're, not[they, aren't]
5. he's, not[he, isn't]

C

1. Will, come / will   2. Will, study / she, won't
3. Will, go / he, will   4. Will, play / will
5. Will, borrow / I, won't

D

1. arriving → arrive   2. go → going
3. makes → make   4. Does → Are
5. invites → invite

A

1. Will you make a paper doll?
2. Are you going to wait for Emily here?
3. Is he going to clean his room today?
4. Will you take a shower before dinner?
5. Are they going to buy a new computer?

B

1. Will he read the book?
2. Is she going to watch the movie?
3. Are you going to get up early tomorrow?
4. Will you go to the theme park this weekend?
5. Are they going to build a new building?

C

am, going, to, have / are, going, to, wear / is, going, to, wear / are, going, to, play / are, going, to, eat

해석

파자마 파티

나는 내일 밤 친구들과 파자마 파티를 할 것이다. 내 친구들과 나는 예쁜 잠옷을 입을 것이다. 수는 오렌지 잠옷을 입을 것이다. 우리는 몇 가지 게임을 하고 영화를 한 편 볼 것이다. 그리고 우리는 피자와 프라이드치킨 같은 맛있는 음식을 먹을 것이다.

D

will / will / Will, you / No / will / Will, you / won't / will

해석

A: 앤디, 월요일에 등산 갈 거야?
B: 아니. 그림 그릴 거야.
A: 화요일에 도서관에 갈 거야?
B: 응.
A: 수요일에 축구 할 거야?
B: 아니. 배구 할 거야.
A: 금요일에 요리 수업을 들을 거야?
B: 아니. 수영 수업을 들을 거야.

실전 테스트 ------------------ p.28

1. ②, ④   2. ③   3. ⑤   4. ④   5. ②
6. ④   7. ③   8. ③   9. ⑤   10. ⑤
11. ④   12. ③   13. ①   14. ②   15. ④
16. ③   17. ②   18. ①
19. Is she going to change her hairstyle?
20. It will not be cloudy tomorrow. / It won't be cloudy tomorrow.
21. I won't   22. Is, he, going, to
23. She is going to arrive at five thirty.
24. He will leave for Rome tomorrow.
25. Are you going to study in America?

▶ 실전 테스트의 친절한 해설은 길벗스쿨 e클래스 에서 확인할 수 있습니다.

Unit 1. who, what

Step 1. 기초 탄탄 연습 p.35

A

1. Who
2. What
3. When
4. Where
5. How

B

1. Who
2. What
3. Who
4. What

C

1. 누구
2. 무엇
3. 누가
4. 무엇을
5. 누구를

Step 2. 규칙 적용 연습 p.36

A

1. Who
2. What
3. Who
4. What
5. What

B

1. is
2. are
3. did
4. wrote
5. are
6. will

C

1. c
2. d
3. e
4. a
5. b

D

1. What
2. Who
3. What
4. Who
5. Who
6. What

Step 3. 술술 쓰기가 되는 문장 연습 p.38

A

1. Who is that man with long hair?
2. What do you do on Sundays?
3. Who are those ladies?
4. What are you drinking now?

5. What did your mom buy at the market?

B

1. What is its name?
2. Who is that tall girl?
3. What do you need now?
4. Who are you waiting for?
5. What did you learn last year?

C

What / Who / What / What

해석

A: 너 지난 크리스마스에 뭐 했어?
B: 친구들이랑 좋은 시간을 보냈어.
A: 누구랑 좋은 시간을 보냈어?
B: 나탈리랑 로지.
A: 뭐 했는데?
B: 우리는 케이크를 먹고 영화를 봤어.
A: 뭐 봤어?
B: <클라우스>라는 영화를 봤어.

D

Who / What / Who / What

해석

지민의 생일 파티 체크 리스트

이름	할 일
수지	게임과 활동 계획하기
앤디	케이크 주문하기
케이트	풍선 사기
제임스	친구들에게 전화하기

A: 누가 게임을 계획할 거야? B: 수지가 할 거야.
A: 앤디는 파티를 위해 뭘 할 거야?
B: 케이크를 주문할 거야.
A: 누가 풍선을 살 거야? B: 케이트가 살 거야.
A: 제임스는 파티를 위해 뭘 할 거야?
B: 친구들에게 전화할 거야.

Unit 2. when, where, why

Step 1. 기초 탄탄 연습 p.41

A

1. When / 언제　　　　2. Where / 어디서
3. Why / 왜

B

1. Why　　　2. When　　　3. Where
4. When

C

1. Where do you live?
2. Who did you meet?
3. Why are you late?
4. When do you go to bed?

Step 2. 규칙 적용 연습 p.42

A

1. When　　　2. Why　　　3. Where
4. When　　　5. Why

B

1. Why, do　　　　　2. Where, did
3. Where, will　　　4. Why, were
5. When, did　　　　6. Why, did
7. When, will

C

1. d　　　2. a　　　3. e
4. b　　　5. c

D

1. Where　　　2. When　　　3. Why
4. Where　　　5. When

Step 3. 술술 쓰기가 되는 문장 연습 p.44

A

1. Where did he live in 2017?
2. When does the English class start?
3. Why did you come home early today?
4. Where did you buy that T-shirt?
5. When is she going to leave for Busan?

B

1. Where is your school?
2. Why do you hate vegetables?
3. When will you enter middle school?

4. Why is the boy at home today?
5. Where did you watch that movie?

C

When / Where / Where / When

해석

A: 네 생일은 언제니? B: 6월 14일이야.
A: 너는 어디에서 축구를 했니? B: 축구장에서.
A: 어디에서 미술 수업을 했니? B: 미술실에서 했어.
A: 피아노 연주회는 언제 시작했니? B: 오전 11시에 시작했어.

D

Why / When / this Saturday / Because she

해석

앨리스 : 나는 이번 토요일에 우리 할머니 할아버지 댁에 갈 거야. 이번 토요일은 우리 할머니 생신이야.
메이슨 : 나는 이번 일요일에 친구들이랑 등산을 갈 거야. 우리는 아침 9시에 출발할 거야.
존 : 나는 이번 토요일에 가족들이랑 캠핑을 갈 거야. 우리는 바비큐 파티를 할 거야.
올리비아 : 나는 이번 토요일에 쇼핑을 갈 거야. 나는 장기 자랑에 입을 드레스가 필요해.
A: 앨리스는 왜 그녀의 할아버지, 할머니를 찾아뵐 건가요?
B: 이번 주 토요일이 그녀의 할머니 생신이기 때문이에요.
A: 메이슨과 친구들은 언제 출발할 건가요?
B: 그들은 아침 9시에 출발할 거예요.
A: 존은 언제 캠핑을 갈 건가요?
B: 그는 이번 주 토요일에 캠핑을 갈 거예요.
A: 올리비아는 왜 드레스가 필요한가요?
B: 그녀는 장기 자랑에 참가할 것이기 때문이에요.

Unit 3. how

Step 1. 기초 탄탄 연습 p.47

A

1. How is the weather today?
2. How are you today?
3. How dose he go to work?

B

1. many　　　2. old　　　3. much
4. tall

C

1. How　　　2. How　　　3. How, much

4. How, tall

A
1. old   2. many   3. much
4. often   5. long

B
1. old   2. much   3. long
4. many   5. often

C
1. How   2. How, old   3. How, much
4. How, long   5. How, often

D
1. d   2. e   3. b
4. c   5. a

A
1. How often does she go swimming?
2. How many dogs are in the yard?
3. How much are your new shoes?
4. How tall is the basketball player?
5. How long did you travel in Italy?

B
1. How old is your sister?
2. How many pens do you have?
3. How did you get the book?
4. How much sugar do you need?
5. How often do you go to the library?

C
How / How, much / How, many
해석
상인 : 오늘 기분 어때요?
손님 : 좋아요, 감사해요. 안녕하세요?
상인 : 나야 아주 좋죠.
손님 : 멜론 얼마예요?
상인 : 5달러예요.
손님 : 가격 좋네요.
상인 : 몇 개 살래요?
손님 : 2개 살게요.

상인 : 그래요.

D
How often / How tall / How old
해석
A: 나는 남산에 처음 왔어. 너는 여기에 얼마나 자주 와?
B: 거의 매달 와. 저것 좀 봐. 남산 서울 타워야.
A: 저 탑은 높이가 얼마나 돼?
B: 237미터쯤 돼.
A: 얼마나 오래됐어?
B: 45년이 넘었어.

1. ③   2. ①   3. ⑤   4. ②   5. ④   6. ②
7. ③   8. ⑤   9. ③   10. ③   11. ①
12. ④   13. ②   14. ⑤   15. ①   16. ④
17. ④   18. ③   19. ③
20. What   21. Why
22. How much salt did you put in the soup?
23. How often does she play badminton?
24. How do you make
25. Who directed the movie?

Chapter 3 비교급, 최상급

Unit 1. 형용사와 부사의 비교급

Step 1. 기초 탄탄 연습 p.59

A

1. kinder
2. bigger
3. happier
4. worse
5. warmer
6. better
7. larger
8. more
9. more famous
10. younger

B

1. taller
2. thicker
3. faster
4. colder

C

1. hotter
2. earlier
3. nicer
4. prettier
5. better
6. angrier
7. more
8. more slowly
9. braver
10. easier
11. funnier
12. more exciting

Step 2. 규칙 적용 연습 p.60

A

1. O
2. X, worse
3. O
4. X, hotter
5. X, more difficult
6. O
7. O
8. O
9. X, more carefully
10. O

B

1. longer
2. bigger
3. more
4. brighter
5. higher

C

1. ⓐ good ⓑ better
2. ⓐ busy ⓑ busier
3. ⓐ slow ⓑ slower
4. ⓐ bad ⓑ worse
5. ⓐ difficult ⓑ more difficult

D

1. bigger, than
2. shorter, than
3. hotter, than
4. more, important, than
5. longer, than

Step 3. 술술 쓰기가 되는 문장 연습 p.62

A

1. Iceland is colder than Italy.
2. A bicycle is slower than a car.
3. She has more books than her roommate.
4. Pizza is more delicious than a hamburger.
5. This cake is more expensive than that cake.

B

1. hotter than May
2. more famous than John
3. bigger than an apple
4. easier than math
5. prettier than her stepsisters

C

Baekdu, higher, than
Nakdong, longer, than
bigger, than / smaller, than

해석

백두산은 한라산보다 높지만, 한라산은 설악산보다 높다.
낙동강은 한강보다 길지만, 한강은 금강보다 길다.
제주도는 거제도보다 크지만, 거제도는 울릉도보다 크다. 독도는 울릉도보다 작다.

D

older, younger / younger, than / taller, shorter, than / heavier, Henry

해석

로이, 헨리, 리암은 나이가 같지 않다. 로이는 헨리보다 나이가 많고, 헨리는 리암보다 나이가 어리다. 리암은 로이보다 나이가 어리다.
로이는 키가 크지만, 헨리는 키가 작다. 로이는 리암보다 키가 크고, 헨리는 리암보다 키가 작다. 리암은 48킬로그램이다. 그는 로이보다 무겁지만, 로이는 헨리보다 무겁다.

Unit 2. 형용사와 부사의 최상급

4. the worst
5. the happiest

Step 1. 기초 탄탄 연습 p.65

A
1. largest / 가장 큰
2. hottest / 가장 뜨거운, 가장 더운
3. earliest / 가장 이른; 가장 일찍
4. youngest / 가장 어린
5. most important / 가장 중요한

B
1. biggest
2. the highest
3. youngest
4. most

C
1. a larger park
2. the best movie
3. the saddest story
4. a more beautiful flower
5. the most difficult subject

Step 2. 규칙 적용 연습 p.66

A
1. best
2. nicest
3. best
4. most
5. thinnest
6. angriest
7. longest
8. brightest
9. most quickly
10. most popular

B
1. fastest, slowest
2. biggest, smallest
3. heaviest, lightest
4. most expensive

C
1. ⓐ good ⓑ best
2. ⓐ longer ⓑ longest
3. ⓐ many ⓑ most
4. ⓐ famous ⓑ most famous
5. ⓐ old ⓑ oldest

D
1. the tallest
2. the hottest
3. the most important
4. the worst
5. the happiest

Step 3. 술술 쓰기가 되는 문장 연습 p.68

A
1. A whale is the biggest animal in the sea.
2. Jimin comes to school the earliest in his class.
3. Math is the most difficult subject to me.
4. Chris plays soccer the hardest on the team.
5. Ms. Kim is the kindest teacher in this school.

B
1. It was the best movie of the year.
2. Health is the most important in life.
3. January is the coldest month of the year.
4. Nick is the strongest child in the class.
5. My mom gets up the earliest in my family.

C
the, largest / Mt. Everest / the, coldest / the tallest

해석

세계 최고

태평양은 전 세계 오대양 중 가장 넓은 바다다. 에베레스트산은 세계에서 가장 높은 산이다. 그것은 히말라야산맥의 일부다. 남극 대륙은 지구의 대륙들 중 가장 춥다. 그곳의 겨울 평균 기온은 섭씨 영하 80도다. 부르즈 칼리파는 2022년 현재 세계에서 가장 높은 건물이다. 그것은 아랍 에미리트 연합국의 두바이에 있다.

D
the, fastest / the, smartest / the, slowest / the largest

해석

동물 챔피언들

치타는 세계에서 가장 빠른 동물이다.
침팬지는 세계에서 가장 똑똑한 동물이다.
세발가락 나무늘보는 세계에서 가장 느린 동물이다.
아프리카 코끼리는 가장 큰 육지 동물이다.

1. ④ 2. ① 3. ⑤ 4. ② 5. ② 6. ④
7. ② 8. ⑤ 9. ② 10. ⑤ 11. ④
12. ③ 13. ① 14. ④ 15. ③ 16. ④
17. ② 18. (1) better, best
(2) more interesting, most interesting
19. is, more, than
20. This work is more important than that work.
21. This is the prettiest flower in the garden.
22. the, best   23. more, money, than
24. This song is better than that song.
25. He is the most famous soccer player in Korea.

Chapter 4 다양한 문장

Unit 1. 명령문과 제안문

Step 1. 기초 탄탄 연습 p.77

A
1. 명령문   2. 제안문   3. 명령문
4. 제안문   5. 명령문

B
1. be   2. Don't pick
3. Turn   4. Don't play

C
1. Let's dance to the music.
2. Don't buy it.
3. Let's go camping tomorrow.
4. Don't eat pizza for dinner.

A
1. d   2. a   3. b
4. c

B
1. Let's not   2. Let's   3. Let's play
4. Let's not   5. Let's go   6. Let's try

C
1. Don't turn up   2. Open
3. Don't take   4. Let's not go
5. Let's drink

D
1. Read / Don't read
2. Let's play / Let's not play
3. Sit / Don't sit
4. Let's eat / Let's not eat

Step 2. 규칙 적용 연습 p.78

Step 3. 술술 쓰기가 되는 문장 연습 p.80

A

1. Help the old lady, please.
2. Let's go to the movies with me.
3. Don't play the piano at night.
4. Let's not go to his house today.
5. Don't be rude to others.

B

1. Call me at 7 o'clock.
2. Please don't touch my smartphone. / Don't touch my smartphone, please.
3. Don't eat too much sugar.
4. Let's watch the TV show together.
5. Let's not go out on a rainy day.

C

1. Arrive   2. Use   3. Turn
4. Don't talk   5. Don't kick

해석

극장 에티켓

1. 극장에 제시간에 도착하세요.
2. 영화가 시작하기 전에 화장실을 사용하세요.
3. 전화기를 끄세요.
4. 상영 중에는 얘기하지 마세요.
5. 앞자리 의자를 발로 차지 마세요.

D

let's, go / Let's, watch / Let's, meet / Don't, be

해석

A: 캐리, 이번 주 토요일에 같이 등산하러 가자.
B: 나는 등산 안 좋아해.
A: 아, 정말? 그럼… 영화 좋아하니? 영화 보자.
B: 그래! 나 영화 좋아해.
A: 좋아! 루나 극장에서 오전 11시에 만나자.
B: 그래. 그때 만나. 늦지 마.

Unit 2. 접속사로 연결되는 문장

Step 1. 기초 탄탄 연습 p.83

A

1. and   2. because   3. so
4. when   5. or

B

1. but   2. because   3. after

4. and

C

1. ~할 때   2. ~하기 전에   3. ~하지만
4. ~해서   5. ~하기 때문에

Step 2. 규칙 적용 연습 p.84

A

1. before   2. after   3. so
4. because

B

1. because   2. when   3. but
4. before

C

1. b   2. e   3. a
4. c   5. d

D

1. but   2. so   3. because
4. after   5. before

Step 3. 술술 쓰기가 되는 문장 연습 p.86

A

1. I lived in Busan when I was a child.
2. Kevin is in bed today because he is sick.
3. Let's play badminton after we have dinner.
4. I like cats, but my mom doesn't like them.
5. The book was really interesting, so I read it twice.

B

1. I cried because the movie was so sad.
2. She had money, so she bought a train ticket.
3. He cleaned the house after he washed the dishes.
4. Nara likes movies, but she doesn't like musicals.
5. Will you stay home, or will you go out?

C

before / When / because / so / and / when

해석

우리 아빠는 토토를 사랑해

우리 아빠는 개를 좋아하시고, 우리 강아지 토토를 사랑하신다.

그러나 아빠는 토토와 함께 살기 전에는 개를 좋아하지 않으셨다.

내가 초등학생이었을 때, 나는 개를 키우고 싶었다. 우리 아빠는 개를 좋아하지 않으셨기 때문에 안 된다고 하셨다.

내가 아빠를 계속 졸라서 우리 가족은 개를 키우기 시작했다. 그 개가 토토다.

토토는 푸들이고 무척 사랑스럽다. 귀엽게 생겼고 귀엽게 행동한다. 우리 아빠는 토토와 사랑에 빠지셨다.

우리 아빠는 집에 오면 토토랑 같이 노신다. 주말에는 토토와 산책을 가신다. 아빠는 토토를 무척 사랑하신다!

실전 테스트 ----------------------- p.88

1. ③ 2. ② 3. ⑤ 4. ② 5. ③ 6. ⑤
7. ④ 8. ⑤ 9. ② 10. ① 11. ⑤
12. ② 13. ③ 14. ④ 15. ③ 16. ⑤
17. ②
18. I am a student, but Alice is not a student.
19. We can't play baseball because it's raining hard. / It's raining hard, so we can't play baseball.
20. He can't come here because he is busy today.
21. Don't make noise here.
22. Do not waste your time.
23. Will you go there by bus or by subway?
24. Let's, not, go   25. Brush, before

Chapter 5 동명사, to부정사

Unit 1. 동명사

Step 1. 기초 탄탄 연습 p.95

A
1. making   2. watching   3. Working
4. hiking   5. doing

B
1. Eating   2. cooking   3. treating
4. playing

C
1. O   2. X   3. O
4. X   5. O

Step 2. 규칙 적용 연습 p.96

A
1. Using   2. playing   3. thinking

4. drawing   5. learning   6. Studying

B
1. flying   2. reading   3. crying
4. learning   5. waiting

C
1. 동명사   2. 현재진행형의 -ing형
3. 동명사   4. 현재진행형의 -ing형
5. 동명사

D
1. Living   2. writing   3. drawing
4. Exercising   5. growing

Step 3. 술술 쓰기가 되는 문장 연습 p.98

A
1. He gave up writing poems.
2. I kept thinking about the problem.
3. Reading novels is my favorite hobby.

4. We stopped talking when the bell rang.
5. Many people enjoy watching YouTube videos.

B

1. I like looking at maps.
2. We enjoy playing board games.
3. She kept walking for over an hour.
4. He finished watering the trees and flowers.
5. Using chopsticks is not easy for children.

C

reading / Going / Painting / doing

해석

나의 취미들

나는 취미가 몇 가지 있다. 나는 책 읽는 것을 무척 좋아한다. 나는 소설과 만화책 읽는 것을 즐긴다. 도서관에 가는 것도 재미있다. 나는 거기에서 많은 것을 할 수 있다.
그림 그리는 것도 내 취미 중 하나다. 나는 동물을 그리는 것을 무척 좋아한다. 나는 보통 숙제를 끝낸 후에 그림을 그린다.

D

flying / swimming / eating / sleeping

해석

나는 누구일까요?

나는 새예요.
나는 날개가 있지만 나에게 나는 것은 어려워요.
나는 바다에서 헤엄치는 것을 즐겨요.
나는 바다에서 내 삶의 대부분을 보내요.
나는 물고기, 새우, 오징어 먹는 걸 좋아해요.
나는 밤에 여러 시간 동안 자는 걸 좋아하지 않아요.
나는 낮잠을 짧게 자요.
나는 누구일까요?
맞아요! 나는 펭귄이에요.

Unit 2. to부정사

Step 1. 기초 탄탄 연습 p.101

A

1. to go　　2. to return　　3. to become
4. to study

B

1. I want to go on a trip to France.
2. She went to the flower shop to buy some roses.
3. I love to drink hot chocolate in the winter.

C

1. 살 것을　　　　2. 될 것을
3. 감량할 것을　　4. 통과하기 위하여
5. 만나기 위하여

Step 2. 규칙 적용 연습 p.102

A

1. to listen　　2. to become　　3. to take
4. to become　　5. to meet

B

1. ⓐ travels ⓑ to travel
2. ⓐ eats ⓑ to eat
3. ⓐ studies ⓑ to study
4. ⓐ became ⓑ to become
5. ⓐ moved ⓑ to move

C

1. likes singing / likes to sing
2. finished cleaning
3. hopes to make
4. want to go
5. enjoyed reading
6. planned to watch
7. kept talking
8. decided to learn
9. began raising / began to raise
10. learned to swim

Step 3. 술술 쓰기가 되는 문장 연습 p.104

A

1. I hope to be a vet.
2. His job is to fix[fixing] cars.
3. The kids went back home to have dinner.
4. They planned to go on vacation next week.
5. She went to Canada to learn English.

B

1. I want to travel to Hawaii.
2. Her wish is to become healthy.
3. He likes to watch soccer games.
4. Brian decided to wear a blue shirt.
5. Sue went to the bookstore to buy a book.

C

to be / To become / to invent / to help

해석

미래의 발명가

내 꿈은 발명가가 되는 것이다. 나는 윌리스 캐리어 같은 발명가가 되고 싶다. 캐리어는 에어컨을 발명했다. 나는 여름에 에어컨 없이는 살 수가 없다.

발명가가 되기 위해서, 나는 공부를 열심히 하고 많은 과학책을 읽을 것이다. 나는 미래에 유용한 것들을 발명하고 싶다. 윌리스 캐리어처럼 나는 사람들을 돕고 싶다.

D

to travel / to leave / to save / to drive / to travel

해석

준: 제이, 나 세계 일주하기로 결심했어.

제이: 정말? 언제 떠날 거야?

준: 이십 대에 떠날 계획을 세우고 있어. 지금은 여행하기 위해서 돈을 모으려고 계획 중이야. 나는 영어를 열심히 공부할 거고, 열아홉 살이 되면 운전하는 법을 배울 거야.

제이: 좋아. 행운을 빌어, 준! 나도 언젠가 유럽으로 여행 가고 싶어.

준: 그럼 유럽에서 나랑 만나!

실전 테스트 ------------------ p.106

1. ④   2. ⑤   3. ①   4. ①   5. ②   6. ⑤

7. ②   8. ③   9. ④   10. ④   11. ①

12. ③   13. ⑤   14. ②   15. ④   16. ③

17. exercising   18. to swim

19. Reading comic books is her hobby.

20. He hopes to speak English fluently.

21. We kept looking at the stars for hours.

22. My dream is to live a healthy and happy life.

23. I finished doing my homework and watched TV.

24. He enjoys going camping

25. She planned to go to the island

Chapter 6 문장의 구성 요소

Unit 1. 문장 성분

Step 1. 기초 탄탄 연습 ------------------ p.113

A

1. ○ Paul   △ is
2. ○ Cows   △ are lying
3. ○ She   △ slept
4. ○ We   △ will go
5. ○ Paul and John   △ love

B

1. 목적어   2. 보어   3. 목적어

4. 보어

C

1. long   2. fast   3. really

4. in 2017   5. in the U.S.

Step 2. 규칙 적용 연습 ------------------ p.114

A

1. ①   2. ②   3. ③

4. ③   5. ③

B

1. 1-3-4-2   2. 2-3-1   3. 4-3-1-2

4. 1-3-2-4   5. 4-3-1-5-2

C

1. 목적어   2. 보어   3. 동사, 수식어

4. 주어, 보어   5. 동사, 목적어

D

1. 3, 2   2. 3, 4   3. 3, 2

4. 4, 2　　　　5. 3, 4

Step 3. 술술 쓰기가 되는 문장 연습 ················· p.116

A

1. She usually gets up at 7.
2. His paintings are very beautiful.
3. An elephant has a long nose.
4. I will write a letter to the singer.
5. He drank three glasses of milk today.

B

1. I read a book last night.
2. This movie is really interesting.
3. I visited the National Museum of Korea last fall.
4. My sister likes volleyball very much.
5. He had a baseball and a baseball glove.

C

① I like sports.
② Sports are fun and exciting.
③ I enjoy watching various sports games.
④ The Olympics is a global sports festival.
⑤ Korean players won more medals today.

Unit 2. 품사, 구와 절

Step 1. 기초 탄탄 연습 ················· p.119

A

1. 명사　　　　2. 동사　　　　3. 접속사
4. 전치사　　　5. 형용사　　　6. 부사
7. 감탄사　　　8. 대명사

B

1. be　　　　　2. quickly　　　3. new
4. easy　　　　5. between

C

1. 구　　　　　2. 구　　　　　3. 절
4. 절　　　　　5. 구

Step 2. 규칙 적용 연습 ················· p.120

A

1. bird, sky　　　　　2. She
3. like, hates　　　　4. large
5. usually, early　　　6. at, on
7. when　　　　　　　8. Wow

B

1. d　　　　2. a　　　　3. e
4. b　　　　5. c

C

1. and, 접속사　　2. him, 대명사　　3. hot, 형용사
4. often, 부사　　　5. after, 전치사

D

1. under the desk / 구
2. they can't fly / 절
3. The white flowers / 구
4. he is funny and brave / 절
5. she went to bed early / 절

Step 3. 술술 쓰기가 되는 문장 연습 ················· p.122

A

1. The boy sings really well.
2. Look at that beautiful flower.
3. I am a fourth grader, and my brother is a third grader.
4. The American speaks Korean very well.
5. The girl is happy when she listens to their music.

B

1. My sister goes swimming every morning.
2. I brush my teeth after I eat something.
3. Sleeping well is important for our health.
4. How many students are in your class?
5. He wants to be a journalist when he grows up.

C

명사 – 3, 10 / 대명사 – 7 / 동사 – 1, 6 /
형용사 – 2, 9 / 부사 – 11 / 전치사 – 5 /
접속사 - 8 / 감탄사 - 4

해석

미나: 달 좀 봐. 무척 밝고 둥글어. 달은 지구처럼 행성이야?
지수: 아니. 달은 지구의 위성이야. 달은 지구 주위를 돌아.

미나: 아! 그렇구나. 태양계에는 몇 개의 행성이 있어?
지수: 여덟 개 있어. 수성, 금성, 지구, 화성, 목성, 토성, 천왕성,
　　해왕성이야.
미나: 가장 큰 행성은 뭐야?
지수: 목성. 목성은 무척 커.
미나: 그럼 가장 작은 행성은 뭐야?
지수: 수성. 태양에 가장 가까운 행성이야.

실전 테스트 ------------------- p.124

1. ③　　2. ⑤　　3. ③　　4. ①　　5. ④　　6. ④
7. ①　　8. ②　　9. ②　　10. ②　　11. ④
12. ③　　13. ⑤　　14. ⑤　　15. ②　　16. ④
17. 명사: book, basket, horse / 대명사: mine,
　　him / 동사: speak, build / 형용사: small,
　　young / 부사: very, really / 전치사: from,
　　at, in / 접속사: and, because / 감탄사:
　　wow, oh
18. 주어: He / 동사: played / 목적어: the piano
　　/ 수식어: beautifully
19. 주어: It / 동사: was / 보어: cloudy / 수식어:
　　today
20. 주어: She / 동사: has / 목적어: a
　　smartphone / 수식어: new
21. ③ to watch my favorite TV show
22. ① because the weather is good
23. ② and missed the school bus
24. Giant pandas live in China and eat
　　bamboo.
25. He often watches Netflix after dinner.

▶ 실전 테스트의 친절한 해설은 길벗스쿨 e클래스 에서 확인
　　할 수 있습니다.

기적의 초등 영문법 3

Workbook 정답

Chapter 1 미래형

Unit 1. 미래형 긍정문

A p.1

1. 도착하다	11. 강	21. raise
2. 굽다	12. 토요일	22. plan
3. ~ 전에, ~하기 전에	13. (시간을) 보내다	23. math
4. 운동하다; 운동	14. ~로 여행을 가다	24. listen
5. 특히[매우] 좋아하는	15. 방문하다, 찾아가다	25. gym
6. 체육관, 헬스클럽	16. visit	26. favorite
7. (귀 기울여) 듣다	17. travel to	27. exercise
8. 수학	18. spend	28. before
9. 계획; 계획하다	19. Saturday	29. bake
10. 키우다, 기르다	20. river	30. arrive

B p.2

1. will snow   2. will read   3. will go
4. will play   5. will be

C

1. is going to take
2. am going to meet
3. is going to write
4. are going to leave
5. are going to have

D p.3

1. clean   2. will eat
3. will go   4. is going to do
5. will wash   6. visited
7. are going to go

E

1. take   2. leave   3. cook
4. have   5. are going

F p.4

1. I will be 14 next year.
2. It will be sunny tomorrow.
3. John will go to school early tomorrow.
4. We are going to take a test next week.

5. She will meet her friends this Saturday.
6. I am going to take piano lessons next year.
7. He will go camping with his family tomorrow.
8. They are going to move to a city next month.
9. I am going to watch the musical this Friday.
10. They are going to travel to Spain next year.

Unit 2. 미래형 부정문

A p.5

1. 다시, 또, 한 번 더	11. 편지	21. gallery
2. 야구	12. 마음, 정신	22. forget
3. 해변	13. 이사하다, 움직이다	23. fight
4. 바꾸다, 변하다	14. 밖에(서)	24. dream
5. 도시	15. 머무르다, 계속 있다	25. country
6. 시골, 나라	16. stay	26. city
7. 꿈	17. outside	27. change
8. 싸우다	18. move	28. beach
9. 잊다, 잊어버리다	19. mind	29. baseball
10. 미술관, 화랑	20. letter	30. again

B p.6

1. will not[won't] talk
2. will not[won't] go
3. will not[won't] meet
4. will not[won't] drink
5. will not[won't] study

C

1. am not going to['m not going to] wear
2. is not going to['s not going to / isn't going to] come
3. is not going to['s not going to / isn't going to] watch
4. are not going to['re not going to / aren't going to] go

D p.7

1. will, not   2. not, going, to
3. will, not   4. are, not, going
5. not, going, to   6. will, not

E

1. will not
2. I am not going
3. won't buy
4. is not going
5. not going to

F
p.8

1. It is not going to rain tomorrow.
2. He will not[won't] change his mind.
3. She is not going to stay home tomorrow.
4. I will not[won't] eat after 7 p.m.
5. We will not[won't] forget this moment.
6. I am not going to meet him in Busan.
7. She will not[won't] eat a lot of sweet food.
8. He is not going to ski this winter.
9. They will not[won't] play basketball this afternoon.
10. We are not going to travel abroad this year.

Unit 3. 미래형 의문문

A
p.9

1. 빌리다
2. 아침 식사
3. 짓다, 건설하다
4. 청소하다
5. 맛있는
6. 시험
7. 여기에
8. 초대하다
9. 한국어, 한국인; 한국의
10. 배우다
11. 떠나다, 출발하다
12. 도서관
13. 곧
14. 배구
15. 주말
16. weekend
17. volleyball
18. soon
19. library
20. leave
21. learn
22. Korean
23. invite
24. here
25. exam
26. delicious
27. clean
28. build
29. breakfast
30. borrow

B
p.10

1. Will Diane stay
2. Will you do
3. Will you come
4. Will they go

C

1. going
2. Is
3. Are you
4. to visit
5. Are they going

D
p.11

1. Will, be
2. going, to, go
3. going, to, ride
4. Will, spend

E

1. I, will
2. she, is
3. they, aren't

F

1. to study → study
2. Do → Are
3. go you → you go

G
p.12

1. Will you swim in the sea?
2. Are you going to drink hot chocolate?
3. Will she study history in college?
4. Is John going to take the train?
5. Will you watch the movie next week?
6. Are you going to go to bed early tonight?
7. Will you buy Mr. Smith's new book?
8. Is she going to travel to Italy next year?
9. Are they going to go camping this weekend?
10. Are they going to go to the museum tomorrow?

Chapter 2 의문사

Unit 1. who, what

A p.13

1. 활동	11. 선물	21. paint
2. 부르다, 전화하다	12. 샌드위치	22. order
3. 취미	13. 쏟다	23. novel
4. ~을 쳐다보다	14. 표, 티켓	24. need
5. 시장	15. 어제	25. name
6. 이름	16. yesterday	26. market
7. 필요로 하다	17. ticket	27. look at
8. 소설	18. spill	28. hobby
9. 주문하다	19. sandwich	29. call
10. (그림 물감으로) 그리다, 페인트칠하다	20. present	30. activity

B p.14

1. What   2. Who   3. What
4. What   5. Who   6. What

C

1. She is my sister.
2. My name is Jimin.
3. Mina gave it to me.
4. I'm reading a novel now.

D p.15

1. What   2. Who   3. Who
4. What   5. Who   6. What

E

1. Who   2. What   3. Who
4. What   5. Who   6. What

F p.16

1. Who is that old lady?
2. What is your favorite hobby?
3. Who teaches you English?
4. Who directed this movie?
5. What did she eat this morning?

6. What will Andy do next weekend?
7. Who are you waiting for?
8. What are they going to do this Christmas?

Unit 2. when, where, why

A p.17

1. 화가 난	11. 만나다	21. May
2. 울다	12. 약속	22. live
3. 초등학교	13. 슬픈	23. June
4. 들어가다, 입학하다	14. 방학, 휴가	24. hate
5. 찾다, 발견하다	15. 채소	25. French
6. 프랑스어; 프랑스의	16. vegetable	26. find
7. 싫어하다	17. vacation	27. enter
8. 6월	18. sad	28. elementary school
9. 살다	19. promise	29. cry
10. 5월	20. meet	30. angry

B p.18

1. Where   2. When   3. Where
4. When   5. When   6. When
7. Where

C

1. Why   2. When   3. Where
4. Why

D p.19

1. Why   2. When   3. Where
4. Why

E

1. d   2. c   3. b
4. a   5. e

F

1. Where   2. Why   3. When

G
p.20

1. When is your father's birthday?
2. Why is the man always busy?
3. Where did you see the actor?
4. When will you go to the dentist?
5. Why did she call David?
6. Where did he learn Chinese?
7. When did you travel to Jeju Island?
8. Where did your family go on vacation?

Unit 3. how

A
p.21

1. 거의	11. 쌀, 밥	21. price
2. 중국어, 중국인; 중국의	12. 설탕	22. month
3. 달러	13. 날씨	23. kid
4. 첫 번째의, 최초의	14. 건강한; 잘, 좋게	24. glass
5. 얻다, 손에 넣다, 받다	15. 마당	25. giraffe
6. 기린	16. yard	26. get
7. 유리잔	17. well	27. first
8. 아이	18. weather	28. dollar
9. 달, 월	19. sugar	29. Chinese
10. 가격	20. rice	30. almost

B
p.22

1. How	2. How	3. How
4. How	5. How	6. How

C

1. tall	2. old	3. many
4. much	5. often	6. long
7. much		

D
p.23

1. How, old
2. How, tall
3. How, much
4. How, often

E

1. e	2. d	3. a
4. c	5. b	

F

1. Why → How

2. old → long
3. much → many

G
p.24

1. How was the webtoon?
2. How old is your mother?
3. How much time do you need?
4. How did you get the magazine?
5. How often do you take a shower?
6. How much is this baseball glove?
7. How long did you travel around the country?
8. How many people were there at the coffee shop?

Chapter 3 비교급, 최상급

Unit 1. 형용사와 부사의 비교급

A p.25

1. 비행기	11. 빨리, 신속하게	21. problem
2. 항상	12. 같은, 동일한	22. popular
3. 값싼	13. 과학	23. low
4. 어려운	14. 두꺼운	24. important
5. 비싼	15. 따뜻한	25. high
6. 높은	16. warm	26. expensive
7. 중요한	17. thick	27. difficult
8. 낮은	18. science	28. cheap
9. 인기 있는	19. same	29. always
10. 문제	20. quickly	30. airplane

B p.26

1. taller 2. faster 3. colder
4. smaller 5. thicker

C

1. cuter 2. bigger 3. longer
4. earlier 5. higher 6. more
7. more interesting

D p.27

1. ⓐ slowly ⓑ more slowly
2. ⓐ much ⓑ more
3. ⓐ pretty ⓑ prettier
4. ⓐ many ⓑ more
5. ⓐ important ⓑ more important

E

1. hot → hotter
2. many → more
3. earlyer → earlier
4. good → better
5. popularer → more popular

F p.28

1. An apple is sweeter than a cucumber.
2. Bears are bigger than foxes.

3. My bag is heavier than her bag.
4. He has more books than John.
5. She studies harder than last year.
6. Today, it is colder than yesterday.
7. It was more important than this.
8. Your behavior is worse than his behavior.
9. This test is more difficult than last month's test.
10. Melanie walked more slowly than her friend.

Unit 2. 형용사와 부사의 최상급

A p.29

1. 아름다운	11. 대양, 넓은 바다	21. mountain
2. 지구	12. 이야기	22. Mercury
3. 건강	13. 힘이 센, 튼튼한	23. memory
4. 1월	14. 과목	24. light
5. 목성	15. 세계	25. life
6. 삶, 인생	16. world	26. Jupiter
7. 가벼운	17. subject	27. January
8. 기억, 추억	18. strong	28. health
9. 수성	19. story	29. Earth
10. 산	20. ocean	30. beautiful

B p.30

1. the longest 2. youngest
3. the smallest 4. the oldest

C

1. largest 2. hottest
3. earliest 4. heaviest
5. most famous 6. best

D p.31

1. brighter 2. the largest
3. best 4. more
5. the coldest 6. the most expensive

E

1. more → most
2. oldest → the oldest

3. bigest → biggest
4. happyest → happiest
5. baddest → worst

F
p.32

1. the smartest
2. the hardest
3. the most interesting
4. the slowest
5. the most popular

G

1. Giraffes have the longest neck.
2. Today is the hottest day of the year.
3. It is the most important thing in my life.
4. This is the most delicious of all the foods.
5. My sister's room is the cleanest in my house.

Chapter 4 다양한 문장

Unit 1. 명령문과 제안문

A
p.33

1. 닫다	11. 손대다, 만지다	20. touch
2. ~ 동안	12. 해보다, 시도하다, 노력하다	21. together
3. (발로) 차다		22. theater
4. 잡지	13. 끄다	23. rude
5. (꽃을) 꺾다	14. 켜다	24. restroom
6. 조용한	15. 이용하다, 사용하다	25. quiet
7. 화장실	16. use	26. pick
8. 무례한	17. turn on	27. magazine
9. 극장	18. turn off	28. kick
10. 함께	19. try	29. during
		30. close

B
p.34

1. Wash 2. Read 3. Don't eat
4. Don't be

C

1. Let's meet 2. watch
3. Let's not eat 4. Let's not take

D
p.35

1. Wait 2. Don't make
3. Let's take 4. Don't worry
5. Let's not go 6. Exercise

E

1. To clean → Clean
2. Not → Don't
3. Let → Let's
4. Don't let → Let's not
5. Taking → Take

F
p.36

1. Go to bed early today.
2. Let's travel to Spain next spring.
3. Don't eat snacks on the bed.
4. Let's not eat late at night.
5. Buy a bottle of water and a sandwich.
6. Don't drink too much cold water.
7. Let's not go out this weekend.
8. Wake up before 8 in the morning.
9. Don't play mobile games too long.
10. Let's go to the stationery store after school.

Unit 2. 접속사로 연결되는 문장

A

1. 행동하다	11. 아픈	21. musical
2. 부탁하다, 요청하다	12. 졸린	22. lovely
3. ~를 잘하다	13. 어떤 것, 무엇인가	23. knock
4. ~를 못하다	14. 피곤한	24. hungry
5. 꽃이 피다	15. 두 번	25. finish
6. 끝내다	16. twice	26. bloom
7. 배고픈	17. tired	27. be poor at
8. 노크하다	18. something	28. be good at
9. 사랑스러운	19. sleepy	29. ask
10. 뮤지컬	20. sick	30. act

B

1. but	2. or	3. but
4. and	5. and	6. or

C

1. before	2. when	3. after
4. when	5. before	

D

1. because	2. so	3. because
4. so		

E

1. because	2. or	3. before
4. but	5. because	6. when

F

1. I like him, and he likes me, too.
2. I do yoga before I go to bed.
3. He failed the test, but he didn't give up.
4. She didn't eat vegetables when she was young.
5. It snowed a lot, so he didn't drive. / He didn't drive because it snowed a lot.
6. I closed the window because it rained.
7. I went to the theater, but the tickets were sold out.
8. Everyone was happy when she won the gold medal.
9. Will you play badminton with me or watch TV at home?
10. My mom walks for 30 minutes after she has dinner.

Chapter 5 동명사, to부정사

Unit 1. 동명사

A

1. 지루한	11. 새우	21. right
2. 젓가락	12. 오징어	22. regularly
3. 날리다, 날다	13. 생각하다	23. plant
4. 기르다	14. 치료하다	24. penguin
5. 역사	15. 날개	25. map
6. 지도	16. wing	26. history
7. 펭귄	17. treat	27. grow
8. 식물	18. think	28. fly
9. 규칙적으로	19. squid	29. chopstick
10. 옳은, 맞는	20. shrimp	30. boring

B

1. Talking	2. making	3. Protecting
4. playing		

C

1. trying	2. going	3. worrying
4. painting	5. cooking	

D

1. writing	2. sleeping	3. Solving
4. reading	5. Getting	6. talking

E

1. watch → watching

2. learns → learning

3. Make → Making

4. learned → learning

5. clean → cleaning

6. played → playing

F
p.44

1. I like riding a bicycle.

2. Exercising every day is not easy.

3. Don't give up doing your best.

4. My favorite activity is folding papers.

5. Did you enjoy watching the musical?

6. Will you keep waiting for the girl?

7. She started painting two years ago.

8. The phone rang and I stopped exercising.

9. They finished decorating the Christmas tree.

10. Going to bed late is not good for your health.

Unit 2. to부정사

A
p.45

1. ~이 되다	11. (여자) 조카	21. musician
2. 대학(교)	12. 식당	22. lose
3. 디자이너	13. 돌아오다	23. lawyer
4. 고치다, 수리하다	14. 수의사	24. invent
5. 미래; 미래의	15. ~ 없이	25. healthy
6. 건강한	16. without	26. future
7. 발명하다	17. vet	27. fix
8. 변호사	18. return	28. designer
9. 잃다, 잃어버리다	19. restaurant	29. college
10. 음악가	20. niece	30. become

B
p.46

1. to read   2. to visit   3. to hold

4. to play

C

1. to see   2. to buy   3. not to fall

4. not to miss

D
p.47

1. to visit   2. skating   3. to write

4. reading   5. to draw   6. to ride

E

1. having → to have

2. talk → to talk / talking

3. buying → to buy

4. grow → to grow

5. to not be → not to be

6. studying → to study

F
p.48

1. My dream is to become an astronaut.

2. She learned to ski last year.

3. They planned to move to Seoul.

4. He decided to lose five kilograms.

5. They hope to go back to their hometown.

6. The girl loves to sing and dance. / The girl loves singing and dancing.

7. She is saving money to buy a tablet PC.

8. I try not to make the same mistake again.

9. He turned on the gas stove to fry eggs.

10. They talked quietly not to wake the baby up.

Chapter 6 문장의 구성 요소

Unit 1. 문장 성분

A
p.49

1. 수도	11. 빛나다, 반짝이다	21. rainbow
2. 응원하다	12. 태양계	22. planet
3. 축제	13. 스포츠	23. law
4. 신이 난, 흥분한	14. 감동한	24. journalist
5. 신나는, 흥미진진한	15. 목소리	25. global
6. 국제적인	16. voice	26. exciting
7. 기자	17. touched	27. excited
8. 법	18. sports	28. festival
9. 행성	19. solar system	29. cheer
10. 무지개	20. shine	30. capital

B
p.50

1. 주어: The sun   동사: sets
2. 주어: Polar bears   동사: live
3. 주어: The musician   동사: died
4. 주어: My mother and father   동사: met
5. 주어: John's father   동사: watches
6. 주어: Benjamin   동사: eats

C

1. 보어: mammals
2. 목적어: him
3. 보어: hot and humid
4. 목적어: trees and flowers
5. 보어: interesting and touching
6. 목적어: soy milk

D
p.51

1. 수식어: bright   수식어가 꾸며주는 말: stars
2. 수식어: brown, blue   수식어가 꾸며주는 말: hair, eyes
3. 수식어: quickly   수식어가 꾸며주는 말: eats
4. 수식어: by bus   수식어가 꾸며주는 말: goes
5. 수식어: in 2017   수식어가 꾸며주는 말: entered
6. 수식어: world-famous   수식어가 꾸며주는 말: singer

E

1. 주어	2. 동사, 목적어	3. 주어, 보어
4. 주어, 목적어	5. 동사, 보어	6. 주어, 목적어

F
p.52

1. Subin, returned, to Korea in 2021
2. Seoul, is, an international city
3. He, has, long arms and legs
4. It, is, cold, at night in March
5. The girl, learns, everything, quickly
6. My cat, likes, to nap on my lap
7. I, finished, doing my homework, before dinner
8. Our goal, is, to reach the top of the mountain

Unit 2. 품사, 구와 절

A
p.53

1. ~ 전에	10. 위성	20. Saturn
2. ~ 사이에	11. 토성	21. satellite
3. 자라다, 성장하다	12. 때때로, 가끔	22. round
4. 행복	13. 천왕성	23. ostrich
5. 화성	14. 금성	24. noodle
6. 해왕성	15. 멋진, 훌륭한	25. Neptune
7. 국수	16. wonderful	26. Mars
8. 타조	17. Venus	27. happiness
9. 둥근; ~을 돌아, ~ 둘레에	18. Uranus	28. grow up
	19. sometimes	29. between
		30. ago

B
p.54

1. 명사	2. 형용사	3. 대명사
4. 전치사	5. 동사	6. 부사
7. 접속사		

C

1. 구	2. 절	3. 구
4. 절	5. 구	6. 절

D
p.55

1. finger, rice, tree, desk
2. she, their, ours
3. explain, run, speak, sing
4. soft, exciting, quiet, happy
5. very, slowly, really
6. in, under, at, from
7. when, because, and
8. wow, bravo, oops

E

1. d
2. a
3. f
4. b
5. c
6. e

F
p.56

1. play, with, Saturday
2. your, before, wash
3. am, taller, but
4. enjoy, music, at
5. Wow, really, beautiful
6. In, people, lived
7. On, always, eat, my
8. went, early, because, I

Memo